Heide Simonis

KEIN BLATT VORM MUND

Für eine aktive Bürgergesellschaft

Hoffmann und Campe

Die Deutsche Bibliothek – CIP-Einheitsaufnahme
Simonis, Heide:
Kein Blatt vorm Mund : Für eine aktive
Bürgergesellschaft / Heide Simonis
– 1. Aufl. – Hamburg : Hoffmann und Campe, 1997
ISBN 3-455-11192-0

Schutzumschlaggestaltung: Thomas Bonnie
unter Verwendung eines Fotos von Monika Zucht
Satz: Utesch Satztechnik GmbH, Hamburg
Druck und Bindung: Clausen & Bosse, Leck
Printed in Germany

Inhalt

Vorwort

»Nichts ist mächtiger
als eine Idee,
deren Zeit gekommen ist.«
Victor Hugo

»In welchem Land leben wir denn eigentlich?« Ich war am 9. Januar 1997 gerade auf der Rückfahrt vom Neujahrsempfang des Bundespräsidenten in Berlin. Mir klangen noch die deutlichen Worte Roman Herzogs über den Zustand des Landes in den Ohren, der mahnende Hinweis auf die über vier Millionen Arbeitslosen in Deutschland, die von den politisch Handelnden nicht hingenommen werden dürften. Da bellte aus dem Autoradio die Frage des Bundeskanzlers: »In welchem Land leben wir denn eigentlich?«

Ein Journalist hatte den Bundeskanzler auf einer Pressekonferenz in Bonn an steigende Arbeitslosenzahlen und sinkende Wachstumsprognosen erinnert. Und dann hatte er die Frage gewagt: »Sie sagen, Sie sähen keinen Grund zur Resignation. Woher nehmen Sie Ihren Optimismus?«

Schlechte Stimmung? Pessimismus? So darf man unserem Bundeskanzler aber nicht kommen! Dieses

Land ist in Ordnung, diese Regierung ist in Ordnung! Und wer was anderes behauptet, der sieht die Realität nicht. Der ist ein Miesmacher. »Wenn Sie in Deutschland Resignation fühlen«, giftete deshalb der Kanzler den Fragesteller an, »dann leben Sie offensichtlich in einem anderen Land!«

Kurz nachher in den Nachrichten die Meldung aus Nürnberg. Der Präsident der Bundesanstalt für Arbeit, Bernhard Jagoda, gab die neuesten Zahlen vom Arbeitsmarkt bekannt: 4,15 Millionen Arbeitslose. Das waren fast 360 000 Arbeitslose mehr als ein Jahr zuvor. Die Zahl könne in den kommenden Monaten durchaus auf 4,5 Millionen emporschnellen, sagte Jagoda: »Die Bundesanstalt für Arbeit steht vor dem schwierigsten Geschäftsjahr ihrer Geschichte.«

Fragt sich, in welchem Land Herr Jagoda lebt. Ist es dasselbe wie das, in dem der Bundeskanzler lebt? Offensichtlich nicht. Denn für diesen Kanzler, für diese Bundesregierung und die sie tragende Koalition zählt offensichtlich nicht mehr die soziale Wirklichkeit, sondern nur noch der selbstverordnete Optimismus des Oggersheimer Machtmenschen. Schon einen Monat nach Kohls Pressekonferenz sollte die Zahl der Arbeitslosen auf fast 4,7 Millionen klettern.

Spätestens seit ich diese aggressiv herausgestoßene Gegenfrage, diese selbstherrliche Zurechtweisung des fragenden Journalisten auf der Autobahn zwischen Berlin und Hamburg gehört habe, bin ich davon überzeugt, daß dieser Kanzler und diese Regierung für die Menschen in Deutschland zu einem Risiko geworden sind. Wer angesichts ständig steigender Massenarbeitslosigkeit nur noch hilflos von Haushaltsloch zu Haushaltsloch stolpert, wer sehenden Auges und ohne jedes Problembewußtsein den sozialen Zusammenhalt der Gesellschaft vor die Hunde gehen läßt und jeden Anflug von Kritik als Zumutung zurückweist, hat den Kontakt zur Wirklichkeit verloren.

Die Politik – jedenfalls die Politik dieser Bundesregierung – gestaltet nicht mehr. Sie hechelt hilflos den Kriterien für die Europäische Währungsunion hinterher und läßt sich ansonsten von den Standort-Ideologen diktieren, was für diese Gesellschaft gut sein soll: Sozialkürzungen für die Kleinen, Steuererleichterungen für die Großen. Erfinderisch ist diese Regierung nur noch in ihrer Wortwahl. Die Aufhebung des Kündigungsschutzes für Millionen Arbeitnehmer in Kleinbetrieben wird kühn zur »Beschäftigungsförderung«, das konzeptionslose Herumschnippeln an allen möglichen sozialen Leistungen dient dem »Abbau von Investitionshemmnissen«. Der Mensch als Investitionshemmnis, das ist die Quintessenz dieser Politik, bemäntelt von einer Art Orwellscher Neusprache.

Manchmal, insbesondere nach anstrengenden Sitzungen mit Regierungspolitikern in Bonn, hatte ich mich in den letzten Monaten und Jahren schon gefragt, ob wir – die Politikerinnen und Politiker der demokratischen Parteien – überhaupt noch in der Lage sind, Politik zu machen, die mehr ist als ein bißchen Medienrummel und Verwaltung des Status quo. Da bedienen wir Dutzende von Mikrophonen im Eilverfahren, veranstalten Pressekonferenzen, servieren wohlformulierte Statements in mediengerechten Häppchen. Da reiben wir uns auf in der Geschäftigkeit des politischen Alltags, versuchen hier und da Akzente zu setzen. Aber in Wirklichkeit passiert gar nichts Bewegendes.

Eine lähmende Immobilität hat sich von Bonn aus über das Land gelegt und blockiert jegliche längerfristige politische Initiative. Während die Gesellschaft sich in rasantem Tempo verändert, während sowohl Reichtum als auch Armut wachsen, Arbeitslosigkeit und Aktienkurse gleichzeitig Rekordmarken erreichen, während der soziale Zusammenhalt in Deutschland zusehends zerfällt, scheint die Politik stillzustehen. Man fragt sich nachdenklich, wie Erhard Eppler es kürzlich in einem Gespräch ausdrückte, ob es Politik überhaupt noch gibt oder ob sie schon zugunsten der Ökonomie abgedankt hat?

Wir müssen diese bleierne politische Unbeweglichkeit aufbrechen. Jeder weiß, daß es so nicht weitergehen kann – nur diese Regierung offensichtlich nicht. Der Zustand unserer Republik schreit geradezu nach Reformen – in der Sozialpolitik, in der Arbeitsmarktpolitik, in der Bildungspolitik, in der Wirtschaftspolitik, bei der Reorganisation der staatlichen Verwaltung, beim ökologischen Umbau der Wirtschaft und in vielen anderen Bereichen. Es gibt einen Reformstau wie in den sechziger Jahren, aber unter sehr viel schwierigeren Bedingungen. Es reicht nicht mehr, wie damals wirtschaftliches Wachstum gleichmäßig zu verteilen, denn das ist nicht mehr da – und wenn es noch da wäre, würde es selbst zum ökologischen Problem.

Reformpolitik muß heute an die Strukturen gehen. Es geht nicht um ein Mehr, es geht um ein Anderes. Das macht es so schwierig, die politischen Alternativen zu verdeutlichen. Denn dieses Andere ist den Menschen unbekannt, es liegt in der Zukunft; es ist eher eine Hoffnung als eine Gewißheit in unsicherer Zeit. Um so wichtiger ist es, die Alternativen offenzulegen. Wir müssen die Ziele unserer Reformpolitik so konkret wie möglich benennen. Wir müssen den Menschen reinen Wein einschenken. Der Realitätsverleugnung des Kanzlers können wir nur mit der ungeschminkten Wahrheit begegnen.

Wir brauchen einen politischen Richtungswechsel in Deutschland. Die Bevölkerung hat ein Recht darauf zu erfahren, wo die Reise hingehen soll. Ängstlichkeit im Umgang mit der Bevölkerung ist genauso unangebracht wie undurchschaubare Taktiererei. Wir müssen langfristig denken und mutig handeln, wenn wir die Zukunft meistern wollen. Als Egon Bahr in den sechziger Jahren über die Möglichkeiten eines »Wandels durch Annäherung« zwischen Ost und West nachdachte, saßen die damalige CDU-Regierung und ein Großteil der Medienöffentlichkeit noch tief in den Gräben des Kalten Krieges. Aber Bahr hat damit die Grundlagen für die »neue Ostpolitik« gelegt, ohne die es all die nachfolgenden Veränderungen in Osteuropa und bei uns kaum gegeben hätte.

Was sind die Perspektiven für eine Reformpolitik, die die Bekämpfung der Massenarbeitslosigkeit und des damit einhergehenden gesellschaftlichen Zerfalls in den Mittelpunkt stellt? Wie können wir konkret den ökologischen Umbau der Wirtschaft betreiben und damit eine Aufgabe in Angriff nehmen, die wir um des eigenen Überlebens willen bewältigen müssen? Wie können wir dies alles verbinden mit einer leistungs- und konkurrenzfähigen Wirtschaft, ohne die alle Reformbemühungen scheitern müssen?

In diesem Buch will ich versuchen, Antworten auf diese Fragen zu formulieren. Es soll dazu beitragen, der Erstarrung und Verödung der politischen Diskussion in Deutschland entgegenzuwirken, die letztlich nur denen nützt, die nichts verändern wollen. Wir stehen an einem Punkt, wo wir uns das unpolitische »Weiter so!« nicht mehr leisten können.

Wir müssen die Richtung ändern und die Weichen danach stellen. Und wir müssen sagen, wo unser Ziel liegt. Die politischen Oppositionsparteien müssen sich aber vor zwei Gefahren hüten: Sie dürfen nichts versprechen, was sie im Falle einer Regierungsübernahme nicht halten können. Und sie dürfen gegenüber der destruktiven Politik der Regierungskoalition nicht bei der Verteidigung des Bestehenden verharren. Der traditionelle Sozialstaat beispielsweise wird den sozialen Problemen einer modernen Gesellschaft in vielen Bereichen nicht mehr gerecht, selbst wenn wir ihn – was nicht möglich ist – mit noch mehr Geld ausstatteten. Also müssen wir uns um andere Formen der sozialen Sicherung bemühen: die aktive Bürgergesellschaft. Es kann bei meinen Überlegungen nicht um endgültige Antworten gehen. Das, was getan werden muß, kann nur in einem offenen gesellschaftlichen Diskussionsprozeß herausgefunden werden.

Auch dieses Buch ist Ergebnis eines solchen Diskussionsprozesses, bei dem ich um einige Erfahrungen reicher geworden bin. Die Idee zu einem Buch und das Schreiben eines Buches – dazwischen liegen Welten, Zeit und Arbeit.

Ohne Martin Kempes Hilfe, ohne seine ausdauernde, manchmal listige Überredungskunst und fürsorgliche Geduld wäre es bei der Idee geblieben. Er hat mir dabei geholfen, die Dinge auf den Punkt zu bringen. Herzlichen Dank dafür. Ohne die kritischen Anmerkungen meines Mannes, Udo Ernst Simonis, ohne den Rat und Widerspruch von Helmut Badekow, Susanne Bieler, Knud Büchmann, Klaus Gärtner, Gerhard Hildenbrand und Bernd Rohwer wäre mancher Gedanke untergegangen. Ihnen allen gilt mein Dank für ihr Engagement und ihre Hilfsbereitschaft.

Wenn ich mit diesem Buch einige Anstöße für die dringend nötige Reformdiskussion in Deutschland geben kann, hat es seine Aufgabe erfüllt. Wenn es Lust auf Politik macht, weil es verständlicher und unterhaltsamer ist als Parteiprogramme, soll's mir doppelt recht sein. Denn angesichts der sich auftürmenden

Probleme ist eines klar: Wir brauchen die Menschen, die Deutschland politisch verändern wollen.

»In welchem Land leben wir eigentlich?« – diese Frage stellt sich tatsächlich, und wir müssen sie beantworten ohne Blatt vorm Mund und Brett vorm Kopf. Wir müssen sie so beantworten, daß Tugenden wiederentdeckt und neu entwickelt werden, daß die Vision einer Bürgergesellschaft gegen den sozialen Zerfall mit Geschick und Hartnäckigkeit, mit Herz und Verstand verwirklicht wird.

Bordesholm, im Februar 1997

1. Kapitel

Bummel über den politischen Trödelmarkt

»Es geht auf keinen Fall
so weiter,
wenn es so weitergeht«.
Erich Kästner

Einer der für mich schönsten Plätze Berlins liegt, etwas abseits des Zentrums, im Bezirk Mitte. In den Altbauvierteln rund um die Oranienburger Straße hat sich in den letzten Jahren ein quirliger Stadtteil etabliert, eine spannende und in Deutschland einmalige Ost-West-Mischung mit unzähligen, mehr oder weniger originellen Gaststätten, mit Klein- und Kleinstbühnen, mit Musikkneipen und Galerien in den Hinterhöfen. Wenn man vom Hackeschen Markt aus an der 1938 von den Nazis in Brand gesteckten, inzwischen in beeindruckender Weise wieder aufgebauten Synagoge vorbei Richtung Westen geht, fällt der Blick gegenüber der Auguststraße auf die bemalte Brandmauer des Kulturzentrums »Tacheles«, das zur Zeit der Erstellung dieses Manuskripts immer noch einer ungesicherten Zukunft entgegensieht.

Zu Füßen dieser Brandmauer liegt in einer größeren Baulücke zwischen Oranienburger Straße und

Johannisstraße eine unscheinbare, ungepflasterte, mit einem häßlichen Drahtzaun umgebene Fläche ohne Baum und Strauch. Das aber war ein Platz meiner Träume, wenn ich mal Abwechslung und Erholung vom anstrengenden politischen Tagesgeschäft suchte. Denn dieser Platz beherbergte bis vor kurzem den lebendigsten, originellsten Trödelmarkt, den ich kenne.

Ein Dorado für mich, denn ich bin eine leidenschaftliche Flohmarktgängerin. Hier wurde bis vor kurzem an jedem Wochenende nach Herzenslust gehandelt und gefeilscht. Ein bißchen umgab diesen Platz – gar nicht weit vom zukünftigen Regierungsviertel – die Atmosphäre eines orientalischen Basars. Vor und hinter den Ständen tummelten sich alle möglichen Nationalitäten aus Osteuropa und Nahost, trafen sich mit meist jugendlichen Deutschen aus den benachbarten östlichen und westlichen Stadtteilen Berlins. Es lag immer eine gewisse Gelassenheit über dem Platz. Ein stilles Einverständnis der Toleranz einte all diese so verschiedenen Menschen in ihrer unambitionierten Geschäftigkeit – hier wurde das große Geld weder ausgegeben noch verdient.

Gleich vorn am Haupteingang wurde man von einem Bauern aus Brandenburg empfangen, der zur Stärkung Äpfel, Met und Bienenhonig aus eigener Herstellung feilbot. Wenn ich genug Zeit hatte, schlenderte ich zuerst die beiden Hauptwege rauf und runter, um mich dann in den kleineren, schachbrettförmig angeordneten Gassen zu verlieren. Gehandelt wurde mit allem, was noch verkaufbar schien: Da standen Kisten mit Fahrradpedalen, Puppen, Luftpumpen, Küchenutensilien jeglicher Art, alte Telephone und anderes mehr. Ein Techno-Freak bot seine Ausrüstung für die Love-Parade für teures Geld und nach meiner Beobachtung mit wenig Erfolg an.

An den zahlreichen Bücherständen spiegelte sich die Zeitenwende wider. Bevorzugt Sozialistisches war aus den Regalen geräumt worden und lag nun zu Schleuderpreisen aus: Von »Arbeiterklasse« bis »Zentralkomitee« war alles zu finden, was einst zu den Grundlagen des Lebens in der DDR zählte, von den Klassikern bis zu ihren so kläglich gescheiterten Epigonen, von den blauen Bänden der Marx/Engels-Gesamtausgabe über den DDR-Staatsschriftsteller Johannes R. Becher bis zu den gesammelten Werken von Walter Ulbricht seligen Angedenkens.

Türkische Mütter interessierten sich mehr für das Praktische. Sie erstanden für die Familie Kleidung nach Gewicht. Junge Leute gruben mit einiger Erfolgsaussicht zwischen ausrangiertem Sperrmüll nach allem, was in der Wohnung noch fehlte. An den Musikständen gab es die zerkratzten Platten von damals, mit denen meine Generation einst ihre Feten bestritten hat. Es war eine bunte Mischung aus privaten und kommerziellen Ständen. Wunderbar! Schon wenn ich vor dem Haupttor eintraf und mir die Menschen vollbeladen mit ihren Schätzen entgegenkamen, überfiel mich die grauenhafte Vorstellung, ich könnte das Beste verpaßt haben.

Natürlich gehört das Handeln und Feilschen zum Spaß mit dazu; manchmal bereitet es den Zuschauern sogar noch mehr Vergnügen als den Akteuren: Als einmal ein hartnäckiger Käufer den Preis für eine schöne, große Vase weit heruntergehandelt hatte und immer noch nicht zufrieden war, nahm der erboste Verkäufer das gute Stück und ließ es vor den entsetzten Augen des Interessenten zu Boden gehen: »Bevor ich es Ihnen für diesen Preis gebe, mache ich es doch lieber so!« Es ist das Leben selbst, das man auf dem Flohmarkt studieren kann. Und deswegen kann ich nur schwer widerstehen, wenn ich irgendwo auf meinen Reisen an einem Flohmarkt vorbeikomme.

In Schleswig-Holstein verkneife ich mir das Handeln inzwischen, weil es dann prompt und lautstark über den Platz schallt: »Die Frau Ministerpräsidentin hat wohl nicht genug Geld!« Aber manchmal, wo man mich nicht erkennt oder die Leute diskret darüber hinwegsehen, kann ich meiner Sammelleidenschaft nachgehen. Irgendwann bin ich mal auf die Idee gekommen, ich müßte alte Föne sammeln – inzwischen habe ich dreißig Stück davon. Mein Mann hat seinen hinhaltenden Widerstand resigniert aufgegeben und beschränkt sich auf die beiden Fragen: »Wozu brauchen wir das? Wo willst du es hinstellen?« Berechtigte, vernünftige Fragen, die – selbstverständlich – ins Leere gehen.

Leider bin ich eine ziemlich unsystematische Flohmarktgängerin. Selten schaffe ich es, geradlinig die Reihen abzuwandern und zielstrebig nach den verborgenen Schätzen zu suchen. Ich laufe spontan im Zickzack zwischen den Ständen hin und her – auf die Gefahr hin, daß ich den Tisch mit den schönsten Sachen übersehe. Und ich kaufe niemals für den Safe, sondern nur das, was mir gefällt. Ich habe keine Lust, meinen Gästen zu Hause angstvoll auf die Finger zu schauen oder zu bangen, daß auch nichts kaputtgeht.

Ich finde Dinge interessant, in denen ein Aufbruch erkennbar ist. Der Jugendstil etwa war so ein Aufbruch. Raus aus dem verstaubten, biedermeierlichen Sich-Bescheiden! Das nostalgisch Verklärte liegt mir nicht: »Früher waren die Kinder netter, früher gab es nicht so viele Verbrechen, früher war die Welt noch heil, und die Frauen gehorchten ihren Männern!« Erstens glaube ich das alles nicht. Und zweitens, selbst wenn es stimmen sollte, war das nicht unbedingt besser und beantwortet auch nicht die Frage, warum die Frauen früher gehorcht haben (wenn sie es denn taten). Weil sie keine andere Wahl hatten, weil sie unfrei waren! Meine Vorliebe gehört also Stücken aus den zwanziger Jahren, besonders dem Bauhausstil mit seiner radikalen Hinwendung zur Moderne und zur Demokratie.

Trödeln macht mir nur dann Spaß, wenn es nicht zu systematisch, zu erfolgsorientiert wird. Ein bißchen Systematik gehört allerdings dazu, ebenso wie das spontane Abschweifen. Und vor allem kann sich nachher herausstellen, daß man völlig danebengelegen hat.

Das alles mögen die Leserinnen und Leser mir nachsehen, wenn ich sie nun bitte, mich bei einem Gang über den politischen Trödelmarkt zu begleiten. Ich weiß: Politik ist ein ernstes und verantwortungsvolles Geschäft. Den meisten Deutschen ist eine etwas leichtere Betrachtung des politischen Geschehens zuwider. Aber niemand kann immer nur ernsthaft sein. Ich auch nicht. Und so soll es auch bei diesem Ausflug in die Welt der altehrwürdigen Ideen, der schon lange im Handel befindlichen Rezepte und Meinungen, der modischen Politfloskeln und konkurrierenden politischen Angebote nicht sonderlich systematisch zugehen.

Das Angebot ist riesig. Jeder findet auf dem politischen Trödelmarkt, was er sucht, und sei es noch so bizarr. Der politische Trödelmarkt ist überdies ein Markt der Eitelkeiten und ungehemmten Selbstdarstellung. Aber es finden sich auch verborgene Schätze, zu Unrecht wenig beachtete Schmuckstücke. Niemand kann alles aufnehmen und sichten. Vieles kommt für mich von vornherein nicht in Frage, und ich gehe daran vorbei. Wir werden an einigen Ständen länger verweilen und gründlicher prüfen als bei anderen. Das Unwichtige, das scheinbar Nebensächliche lohnt manchmal die Aufmerksamkeit.

Auch beim Gang über den politischen Trödelmarkt nähere ich mich dem Altehrwürdigen mit Skepsis. Es gibt sie ja noch und neuerdings wieder vermehrt, die uns mit dem beglücken wollen. Vielleicht ist es ein Nachteil meiner Generation, daß wir damit eher vorsichtig umgehen und – angesichts der deutschen Vergangenheit – davon meist nichts Gutes erwarten. Ich jedenfalls kann damit nicht viel anfangen und gehe an diesem Stand eher desinteressiert vorbei, insbesondere wenn ich die wenig vertrauenswürdigen Verkäufer hinterm Tresen sehe.

Manchmal bewundere ich die Dänen, wie sie morgens völlig ohne Arg ihre Fahne im Vorgarten aufziehen und abends wieder einholen. Oder die Amerikaner, die inbrünstig ihre Hymne singen. Aber es gibt in diesen Ländern einen anderen historischen Hintergrund, in dem das Nationale nicht solchermaßen belastet ist wie bei uns. Als politischer Kampfbegriff der Rechten hat es in der deutschen Geschichte ja tatsächlich eine verhängnisvolle Rolle gespielt. Damit müssen wir uns immer wieder auseinandersetzen.

Immerhin: Unsere Nationalhymne, die dritte Strophe des Deutschlandlieds, kann ich wahrscheinlich besser als unsere Fußball-Nationalmannschaft und mindestens so gut wie der Herr Bundeskanzler, wie sich einen Tag nach der Maueröffnung, auf jener Veranstaltung am 10. November 1989 vor dem Schöneberger Rathaus in Berlin, gezeigt hat, als die versammelte Menge partout nicht in nationale Euphorie und Rührseligkeit verfallen wollte und die hochgestimmten Politiker auf dem Balkon des Rathauses ausgepfiffen wurden. Es war ein kümmerliches Brummen, das der Kanzler da von sich gab – als wenn er die bevorstehenden politischen Disharmonien durch diese Mißtöne schon hätte ankündigen wollen.

Ich bin nicht betont stolz darauf, Deutsche zu sein, aber ich bin auch nicht unstolz. Es ist einfach nicht mein Problem. Ich muß mich nicht mit der Nation identifizieren, um mit Leidenschaft für die Menschen zu arbeiten, die in unserem Land leben. Als die Ostberliner am Abend des 9. November 1989 durch die Mauer nach West-Berlin strömten, war ich tief angerührt von den überwältigenden Bildern. Das Glück der Befreiung in den Gesichtern, die Euphorie der Menschen über die plötzliche Öffnung und die Bewegungsfreiheit, der Stolz auf den Erfolg ihrer Bewegung für Demokratie und Menschenrechte – all das war selbst aus der Entfernung ein großes Erlebnis für mich.

Aber ich hatte zuvor nicht Tag und Nacht von der

Wiedervereinigung

Deutschlands geträumt, die als nationales Sonderangebot auf den politischen Trödelmarkttischen seit Jahrzehnten mehr oder weniger unbeachtet liegengeblieben war. Eine Zeitlang habe ich sogar gedacht, warum können sie in der DDR nicht in ihrem eigenen Staat weiterleben wie bisher, nur eben demokratisch, als Konföderation mit der alten Bundesrepublik. In diesem Punkt mußte ich mich korrigieren. Es gab keine andere Möglichkeit. Die Menschen wollten es so. Sie wollten ins »westdeutsche Paradies« kommen. Nun sind sie da und müssen ernüchtert feststellen, daß es kein Paradies ist.

Mit Europa könnte ich mich anfreunden, also mit einer zunächst vagen und vielfältigen Vorstellung von Kultur und Lebensart, die sich aber trotzdem von anderen abhebt. Doch auch das hat längst nicht diese tiefe Gefühlsdimension, wie sie in anderen Ländern gang und gäbe und vor allem völlig harmlos ist. Vielleicht hat diese mangelnde Eindeutigkeit, diese fehlende Fixierung auf nur eine bestimmte nationale Zugehörigkeit mir dabei geholfen, mich in die Situation der Menschen in der Dritten Welt hineinzuversetzen, denen wir unsere europäischen Normen übergestülpt haben, obwohl es in diesen Gesellschaften völlig andere soziale und kulturelle Bedingungen gibt.

Noch heute neige ich spontan eher dazu, einen Kurzurlaub in London oder Siena zu machen als in Dresden oder Prag. Das hat mit einer jahrzehntelangen westlichen bzw. westeuropäischen Orientierung meiner Generation zu tun, die sich zwangsläufig zur Zeit der deutschen und europäischen Teilung gebildet hat. Was haben wir in der Schule über Ostdeutschland und Osteuropa gelernt? Die DDR war in Wirklichkeit trotz aller Wiedervereinigungsrhetorik ein blinder Fleck, ein »Unland«, dessen Geographie ich erst nach 1989 kennengelernt habe. Unsere ersten Auslandsbesuche haben wir in Italien, Österreich, England oder Frankreich gemacht. Auch später durfte man als politisch tätiger Mensch auf dem Weg nach Berlin möglichst nicht auf dem Landweg durch »die Zone« fahren, weil Kontakte mit den Menschen dort als gefährlich galten.

Diese »westdeutsche« emotionale Prägung, die von vielen Ostdeutschen als Kränkung empfunden wird, verschwindet nicht einfach dadurch, daß wir uns jetzt mit glänzenden Augen sagen: »Wir sind wiedervereinigt.« Daß die westdeutschen Politikerinnen und Politiker aller Lager die völlig andere Situation in den ostdeutschen Ländern nicht automatisch mitdenken und mitleben, ist eine Gefahr für die deutsche Politik. Aber es liegt auch eine Chance darin, daß das Nationalgefühl bei mir und vielen meiner Generation so wenig ausgeprägt ist. Denn nicht die Nation ist der entscheidende Orientierungspunkt, sondern die Gesellschaft, also die Menschen selbst, in Ost und West. Ich habe deshalb auch keinerlei Verständnis für die Arroganz und das moralische Besserwissertum, mit dem viele Westdeutsche den Ostdeutschen gegenübertreten.

Wer weiß, was ich gemacht hätte, wäre ich in der DDR aufgewachsen. Ich bin ziemlich sicher, daß ich etwas hätte verändern wollen an diesem erstarrten, miefigen, kleinbürgerlichen DDR-Sozialismus. Vielleicht wäre ich aus Trotz in eine der kirchlichen Oppositionsgruppen gegangen, obwohl ich seit langem aus der Kirche ausgetreten bin. Vielleicht wäre ich aber auch in der LDPD, CDU oder SED gelandet. Wer weiß? Schließlich boten diese gleichgeschalteten Parteien nahezu den einzigen Rahmen für ein aktives gesellschaftliches Engagement. Die Leichtigkeit, mit der viele Westdeutsche über die Erfahrungen und Lebensentscheidungen der Menschen in einem ihnen völlig fremden System urteilen, finde ich arrogant und abstoßend. Wer von uns Westdeutschen glaubt, ganz ohne Schuld zu sein und sich unter keinen Umständen gegebenen Machtstrukturen anzupassen, der werfe den ersten Stein ...

Es sind leider ja schon viel zu viele Steine der Selbstgerechtigkeit, der Demütigung geworfen worden – bei den Eigentumsregelungen im Wohnungsbereich ebenso wie in der Arbeitsmarktpolitik, beim Verkauf der ostdeutschen Betriebe wie bei der Bewertung früherer Tätigkeiten und Qualifikationen durch die neuen privaten oder staatlichen Arbeitgeber. Das alles ist weitgehend »abgewickelt«, wie das Unwort der Wendezeit heißt, und kann kaum mehr rückgängig gemacht werden. Wie eine Politik für die Menschen aussehen kann, eine Politik gegen die sozialen und regionalen Spaltungen in Deutschland, das ist die entscheidende Frage der Gegenwart. Die politischen Antworten darauf werde ich allerdings nicht den Zufälligkeiten eines politischen Flohmarktbummels überlassen.

Doch bevor ich weiterziehe, das gehört für mich bei einem zünftigen Flohmarktbesuch dazu, möchte ich schnell bei einer der Imbißbuden am Rande des Geländes einkehren und mich für den weiteren Rundgang stärken. Da gibt es für mich, westdeutsche Prägung hin oder her, nur eine Wahl – Thüringer Bratwurst! Das hilft, wenn die Hoffnung auf ein Schnäppchen allzulange enttäuscht wird. Denn auch mit dem nächsten Angebot ganz in der Nähe der bisherigen Stände, mit der neuerdings wieder so hochgehaltenen

Heimatliebe

kann ich nicht viel anfangen, vor allem wenn sie sich in einem eher dumpfen Gefühl und in kitschiger Heimattümelei äußert. Ich tu' mich ehrlich schwer damit – allein schon deswegen, weil ich persönlich nicht viel Gelegenheit hatte, Heimatgefühle zu entwickeln. Mein Vater war Beamter bei der Arbeitsverwaltung und wurde alle paar Jahre versetzt. Ich habe meine Kindheit in Bonn und Hamburg verbracht, habe in Nürnberg Abitur gemacht, in Erlangen und Kiel studiert. Nach dem Studium war ich zusammen mit meinem Mann ein paar Jahre im Ausland, in Sambia und dann in Japan. Erst in Schleswig-Holstein bin ich für längere Zeit seßhaft geworden.

Wenn ich überhaupt irgendwo Heimatgefühle entwickelt habe, dann nicht an den Orten meiner Kindheit, sondern hier in Schleswig-Holstein. Und das war ein hartes Stück Arbeit! Denn natürlich steckt in mir ein bißchen die Rheinländerin. Und als ich zum erstenmal hierherkam, da gab es noch keine Weinlokale; man kannte nur Rot- oder Weißwein – unterteilt nach den Geschmacksrichtungen »suer« oder »söt«. Ich war im ersten Moment geschockt und dachte, hier hältst du es nicht lange aus. Nun bin ich schon seit dreißig Jahren im Lande und finde es inzwischen sogar sehr schon – nicht zuletzt deswegen, weil mittlerweile auch im Norden guter Wein ausgeschenkt wird.

Ich kann nachvollziehen, daß das Gefühl regionaler Zugehörigkeit in einem größer und unübersichtlicher werdenden Europa an Bedeutung gewinnt. Aber dieses Heimatgefühl aus dem Musikantenstadl und den Volksmusiksendungen ... Nun gut, viele Menschen mögen das, und deswegen wird es der Verkäufer am Heimat-Stand verkraften können, wenn ich daran vorbeigehe.

Einen großen Bogen mache ich auch um die professionelle Heimatliebe der Vertriebenenverbände. Ich finde es seltsam, daß sogar die Kinder und Kindeskinder der Vertriebenen für diese Form der Heimatliebe in Anspruch genommen werden. Oft genug haben sie den Herkunftsort ihrer Eltern noch nie gesehen, haben jedenfalls nie dort gelebt. Daß diese »Heimatvertriebenen« der zweiten und dritten Generation, die in Bayern oder Schleswig-Holstein oder wo auch immer in Westdeutschland geboren sind, angeblich Tag und Nacht an ihre alte Heimat denken sollen – das ist für mich, um es milde auszudrücken, unglaubwürdig.

Dabei verstehe ich durchaus, daß Kinder die Heimat ihrer Eltern auch einmal kennenlernen und besuchen möchten. Das kann, wenn es taktvoll gemacht wird, auch zur Versöhnung beitragen. Es gehört aber die eindeutige Aussage dazu, daß es keinerlei Revisionsansprüche mehr gibt. Dann wird es zur Versöhnung und zu einem selbstverständlichen, grenzüberschreitenden Zusammenleben zwischen Deutschen und Polen, zwischen Deutschen und Tschechen kommen. Anderswo war das doch auch möglich: Wer zum Beispiel weiß heute noch, warum Deutsche und Franzosen einmal »Erbfeinde« waren?

Ich erwarte überdies Verständnis für die Menschen, die heute in den ehemals deutschen Gebieten wohnen (deren Vorfahren großenteils ebenfalls Opfer von Vertreibung oder Zwangsumsiedlung waren) und die die Vertriebenenverbände im Lande des mächtigen westlichen Nachbarn mißtrauisch beobachten. Jahrelang haben es Landsmannschaften geschafft, den deutsch-tschechischen Verständigungsprozeß zu behindern. Das ist, so denke ich, ein politischer Anachronismus im zusammenwachsenden Europa, der nur deswegen noch eine Rolle spielt, weil die derzeitige Bundesregierung aus wahltaktischem Opportunismus von diesem politischen Ladenhüter nicht lassen wollte.

Also schnell weiter zum nächsten Stand, dem ich mich mit ambivalenten Gefühlen zuwende, denn er hat viel mit meiner eigenen Geschichte zu tun. Ich war damals gerade in Afrika, habe also die bewegten Jahre nur aus der Ferne verfolgen können. Aber trotzdem haben mich die politischen Motive der Bewegung von geprägt. Vieles von dem, was mir auch heute noch wichtig ist, geht auf diese Zeit zurück. Seit damals habe ich mir allerdings eine gewisse skeptische Distanz zu den vielen verschiedenen Strömungen und Gruppen der auslaufenden Studentenbewegung bewahrt. Ich war nie in Versuchung, mich in den K-Gruppen zu engagieren. Sie waren mir zu sektiererisch und zu dogmatisch. Ich habe im Laufe meiner politischen Arbeit viele Kommunisten kennengelernt. Manche waren während der Nazizeit im Widerstand und hatten Jahre im KZ verbracht. Ich hatte und habe große Achtung vor diesen Menschen und finde es empörend, wenn ihre Verdienste heute nicht anerkannt werden, nur weil sie sich in der falschen Partei betätigt haben. Aber ich wäre nie im Leben auf den Gedanken gekommen, in die DKP einzutreten. Da war mir das Undogmatische, Radikaldemokratische an der 68er Bewegung sehr viel näher. Eine Partei, die von sich behauptet, sie habe immer recht, ist schon allein mit meinem Temperament nicht zu vereinbaren. Im übrigen war innerhalb der Linken niemand staatstragender als die alten DKPisten. Die sind nicht mal bei Rot über die Straße gegangen, wenn sie es nicht vorher bei der Polizei angemeldet hatten.

Ich bin der SPD beigetreten, allerdings erst nach dem Ende der großen Koalition. Als mein Mann und ich aus Sambia zurückgekehrt waren, wollte ich mich in einer Partei engagieren, die sich für Entwicklungshilfe stark macht. Die Hoffnung auf eine demokratische und soziale Erneuerung der Bundesrepublik – ein Anliegen, das heute wieder aktuell ist und das damals von der SPD aktiv betrieben wurde – kam hinzu. Insofern bewundere ich das Visionäre Willy Brandts nicht weniger als das Pragmatische Helmut Schmidts.

Ich gebe allerdings zu, daß dieser Pragmatismus zu seiner Zeit gefragt war und er mir persönlich durchaus nicht fremd ist. Ich bin zutiefst mißtrauisch gegenüber allen Heilslehren politischer oder auch religiöser Art. Im Zweifel würde ich mich immer für die pragmatische, die machbare Problemlösung entscheiden. Aber als Politikerin brauche ich trotzdem die Hoffnung auf eine bessere Welt und eine Vorstellung davon, wie ich diesem Ziel näherkommen kann.

Inzwischen haben die früheren politischen Koordinaten viel von ihrer Gültigkeit eingebüßt. So ist es nicht verwunderlich, daß die Begriffe

Links und Rechts

auch auf dem politischen Trödelmarkt angeboten werden. Ich gehe mit verhaltener Neugier auf diesen Tisch zu, denn ich weiß, wieviel Schrott dabei ist. Früher zum Beispiel war ich überzeugte Anhängerin von Verstaatlichungen. Das ist nun schon lange her und nur ein Beispiel für linke Irrwege. Aber manches mag noch brauchbar sein. Ich habe mich immer in einem sehr offenen, undogmatischen Sinne als links begriffen. Insofern interessieren mich Diskussionen, die ein linkes Anliegen haben, also im weitesten Sinne emanzipatorische Elemente enthalten, mehr als alle anderen.

Bei meinem Elternhaus, geprägt vom konservativ-rheinischen Milieu, konnte man eigentlich nur links werden, und alle meine Geschwister sind es prompt geworden. Aber natürlich bin ich überdies an vielem interessiert, was in anderen politischen Lagern diskutiert wird. Ich werde also auch in der Mitte nachschauen, ob da etwas Brauchbares zu finden ist. Der Schmuddelkram und Primitivkitsch vom rechten Rand lohnt den prüfenden Blick nicht. Die Liberalen wären interessant, wenn sie wirklich noch Liberale wären. Inzwischen sind sie zu großmäuligen Interessenvertretern der Besserverdienenden geworden. Bei den Konservativen ist da schon mehr zu holen.

Der Begriff Leistung zum Beispiel ist für Sozialdemokraten immer noch ein negatives Reizwort, auch weil er derzeit von den Aufsteigern und Yuppies verhunzt wird. Aber wenn die modernen Glücksritter dem Staat mit allen möglichen feinen und unfeinen Methoden die Steuern vorenthalten, muß das durch die Leistung von Leuten bezahlt werden, die sich krummlegen, die morgens um vier oder fünf aufstehen, um auf dem Bau, auf der Werft oder im Krankenhaus zu arbeiten. Die Arbeit eines Behinderten mag, in Geld gemessen, wenig wert sein. Aber subjektiv ist sie eine Höchstleistung, viel höher einzuschätzen als die Leistung eines vermögenden Börsenmaklers. Wir dürfen den Leistungsbegriff also nicht den Konservativen überlassen, die ihn auf Geld und Macht reduziert haben, sondern müssen ihn wieder in Beziehung setzen zur konkreten Lebens- und Arbeitssituation der Menschen.

Das entscheidende linke Motiv ist für mich die Forderung nach

Gerechtigkeit

Ich bin über die Entwicklungshilfe dazu gekommen, und ich habe mir vorgenommen, daß ich in diesem Bereich wieder arbeiten werde, wenn ich keine aktive Politik mehr mache. Die Gerechtigkeit wird auf einem altehrwürdigen Tisch angeboten, ziemlich weit abseits, in einer Ecke unseres politischen Trödelmarktes, leicht zu übersehen. Im Angebot befinden sich hier viele veraltete Modelle, auch die verstaubten Jugendidole meiner Generation: Mao, Kennedy, Che Guevara und andere. Alle diese Führer und Vordenker einer angeblich gerechteren Welt, einschließlich der politischen Vorväter von Marx bis Bebel, lasse ich auf ihren historischen Plätzen stehen. Diese Büchertische mögen gut sein für Erinnerungen. Sie können auch das Bewußtsein für historische Prozesse schärfen. Aber ich sammle nun mal keine alten Rezepte und Gebrauchsanweisungen. Und ich habe auch nicht den Ehrgeiz, den Zeitgeschichtlern Konkurrenz machen zu wollen.

Gerechtigkeit heißt für mich, hier und heute, daß alle Menschen die Chance erhalten müssen, für sich selbst sorgen zu können, nicht von einer Person oder vom Staat materielle Zuwendung erbitten zu müssen. Nicht der versorgte, sondern der selbständige, eigenverantwortlich sein Leben gestaltende Mensch ist für mich das Ideal. Alle Menschen müssen, sofern sie dazu in der Lage sind, die Möglichkeit zu dieser Form eines würdigen Lebens haben.

Natürlich brauchen wir auch eine gerechtere Einkommens- und Vermögensverteilung, muß die Steuergesetzgebung gerechter, die Vermögenssteuer wieder eingeführt werden. Dennoch wird es weiterhin materielle Unterschiede zwischen den Menschen geben. Für mich ist das Wichtigste, daß wir das *Recht auf eigenständige Existenzsicherung durch Erwerbsarbeit unter den heute grundlegend veränderten Bedingungen durchsetzen.* Manche meinen, das wäre Sozialismus. Nun, wenn das Sozialismus ist, will ich gern Sozialistin sein. Wir müssen unsere eigene Vision für eine gerechtere Gesellschaft erarbeiten – in Deutschland, in Europa und der ganzen Welt.

Schräg gegenüber bemerke ich einen Stand, an dem zunächst nichts Auffälliges ist. Nur daß die Männer mit betontem Desinteresse daran vorbeigehen, macht mich stutzig. Manche schlagen einen großen Bogen, um diesem Stand bloß nicht zu nahe zu kommen, andere laufen schimpfend daran vorbei. Es ist eigentümlich, aber kaum einer bleibt unbeteiligt. Als ich näher trete, bemerke ich den Grund für dieses merkwürdige Verhalten. Hier wird

Frauenpolitik

angeboten. Mir ist klar, daß dies im männlich dominierten Politikbetrieb ein heikles Terrain ist. Denn letztlich geht es, zumal die räumliche und inhaltliche Nähe zum »Gerechtigkeits-Stand« nicht zufällig sein dürfte, um Macht – genauer: um männliche Macht. Ich selbst kann mit feministischen Thesen über das prinzipiell bessere weibliche Geschlecht zwar nicht viel anfangen; sie sind mir zu biologistisch und – leider – schon zu oft von machthabenden Frauen widerlegt worden. Dennoch bemerke ich im politischen Alltagsgeschäft, daß Frauen in aller Regel teamorientierter sind als Männer. Im Grunde müßte das die Arbeitsmarktchancen der Frauen in Zeiten moderner Managementkonzepte spürbar verbessern. Leider sieht die Realität anders aus.

In Ostdeutschland erleben die Frauen seit der Wende einen skandalösen Rückschlag. Im Zeichen einer angeblichen »Normalisierung« nach westdeutschen Standards werden sie massenhaft vom Arbeitsmarkt verdrängt. Arbeitslosigkeit in den ostdeutschen Ländern ist zu über 70 Prozent weiblich! Die Frauen stehen unter einem ungeheuren Druck, zugunsten ihrer Männer auf ihren Arbeitsplatz zu verzichten, auch wenn sie sich hartnäckig dagegen wehren. Sie lassen sich nicht so leicht aus der Statistik in die »stille Reserve« abdrängen, sondern gehen zum Arbeitsamt und dokumentieren auf diese Weise ihren Anspruch auf Erwerbsarbeit. Sie stellen damit der Politik eine Aufgabe, die gelöst werden muß, wenn die Forderung nach sozialer Gleichstellung der Geschlechter nicht zum reinen Lippenbekenntnis verkommen soll.

In Westdeutschland liegen die Probleme etwas anders. Zwar haben die Frauen im Schnitt die bessere Schulbildung – so haben sie als Lernende an den Universitäten inzwischen zahlenmäßig gleichgezogen –, aber beim Übergang in den Beruf, gleich auf welchem Qualifikationsniveau, werden sie immer noch auf bestimmte, angeblich besonders weibliche Bereiche festgelegt. Es ist eine Mischung aus gesellschaftlichem Druck und individueller Resignation, die zu einer deutlichen Diskriminierung der Frauen im Erwerbsleben führt. Sie werden festgenagelt auf niedrig qualifizierte »Sackgassenberufe«, auf dienende oder soziale und pädagogische Berufe. Dort, wo die Macht sitzt, in den Chefetagen von Politik, Wirtschaft und Verbänden, werden sie bis auf wenige Ausnahmen (zu denen ich mich selbst zähle) nur als Alibifrauen geduldet.

Die Männer tun sich weiterhin fast ausnahmslos schwer, Frauen als gleichberechtigte Partner im Beruf zu akzeptieren. Ich habe selten erlebt, daß ein Mann sich unbefangen mit einer Frau unterhalten kann, die eine Position über ihm rangiert. Entweder fühlt er sich minderwertig, oder er muß nun extra beweisen, was für ein toller Kerl er ist. Es ist ja auch schwer, vom Thron geschubst zu werden und gleichberechtigt neben, statt erhaben über uns Frauen zu stehen.

Die Frauen meiner Generation haben gegenüber der Generation unserer Mütter eine Menge erreicht. Doch diese Fortschritte genügen nicht. Sie sind durch ökonomische Entwicklungen akut bedroht, aber nicht nur. Wenn einige unserer amerikanischen Schwestern unter dem Banner der »political correctness« zur Regel machen wollen, daß die armen Männer eine förmliche Anfrage starten müssen, bevor sie mit einer Frau flirten dürfen, sehe ich da eher ängstliche Engstirnigkeit als selbstbewußte Emanzipation auf die Frauen zukommen.

Wir müssen höllisch aufpassen, daß unsere Töchter nicht wieder verlieren, was wir gewonnen haben. Ich bin früher strikt gegen Quoten gewesen, weil ich mich selbst immer stark genug gefühlt habe, mich auch ohne Quote durchzusetzen. Aber ich muß feststellen, daß sie hilft. In der SPD hat sie funktioniert, und wir sollten sie, soweit es sachlich sinnvoll und verfassungsrechtlich zulässig ist, auch auf dem Arbeitsmarkt einführen, wenn die beruflichen Benachteiligungen anders nicht beseitigt werden können.

An anderen Punkten müssen wir wahrscheinlich umdenken. Die Koedukation wurde einst als pädagogischer Fortschritt gefeiert, der endlich von früh auf ein unverkrampftes Verhältnis zwischen Mädchen und Jungen ermöglichen und damit zu einem gleichberechtigten Umgang zwischen den Geschlechtern führen sollte. Und was kam heraus? Die Mädchen klagen über die Kerle in ihren Klassen mit ihrem penetranten, ewig besserwisserischen Dominanzverhalten, sie beschweren sich über männliche Lehrer, die Jungen in bestimmten Fächern vorziehen, weil Mädchen das angeblich sowieso nicht können.

Ich selbst bin im katholischen Rheinland auf ein Mädchengymnasium gegangen. Ich habe meine Schule gemocht, soweit man Schule mögen kann, und habe vor allem eines nicht vermißt: die Jungen. Für meine gute Erinnerung war die unangestrengte zwischenmenschliche Atmosphäre am wichtigsten, im Unterricht und in den Pausen. Ich fühlte mich wohl aufgehoben und als Gleiche unter Gleichen anerkannt. All das, was uns als pubertierenden Mädchen gegenüber den Jungen peinlich war, spielte in der Schule einfach keine Rolle. Es gab keine Hänseleien über die monatlichen Entschuldigungen beim Turnen, keine langen Erklärungen über Unpäßlichkeiten beim Schwimmunterricht. Zwar gehörte auch bei uns das Stricken und Kochen zum Unterricht, aber trotzdem wurden uns nicht die berühmten drei K (Kinder, Küche, Kirche) als Lebensplan vermittelt. Niemand zweifelte daran, daß wir alle einen Beruf ergreifen würden. Die meisten von uns sind Lehrerinnen geworden. Die Kontakte zum anderen Geschlecht ergaben sich im Bekanntenkreis.

Daß Mädchen und Jungen automatisch einander besser verstehen lernen, wenn sie gemeinsam unterrichtet werden, ist für mich daher nicht bewiesen. Ich bin zwar nicht dafür, die Koedukation vollständig wieder abzuschaffen und zu getrennten Schulen zurückzukehren. Aber wir werden uns sehr wohl überlegen müssen, ob es für die Entwicklung von Jungen und Mädchen nicht förderlicher ist, wenn es auch Bereiche gibt, in denen sie jeweils unter sich sein können.

Das Angebot zur »Frauenpolitik« ist natürlich noch viel reichhaltiger. Vom Paragraphen 218 bis zur Vergewaltigung in der Ehe, vom alltäglichen Sexismus im Fernsehen bis zum Rentenrecht – die Gleichberechtigung der Geschlechter stellt sich nicht von allein ein, sondern muß politisch durchgesetzt werden. Ein Schlüsselbereich ist die Arbeitswelt. Jede Frau, die es will, muß (genau wie jeder Mann) eine ihrer Qualifikation gemäße Erwerbsarbeit ausüben können. Dazu brauchen wir eine andere Arbeitsmarktpolitik, eine andere Arbeitszeitpolitik, wir brauchen verbindliche Einstellungsquoten und letztlich eine Neuordnung der Erwerbsarbeit im gesamten Lebenszusammenhang.

Das alles ist mehr, als das eher zufällig zusammengewürfelte Angebot auf dem politischen Trödelmarkt bieten kann. Ich schlendere weiter und lasse mich vom bunten Treiben zwischen den Ständen forttragen, während meine Gedanken sich, angeregt durch das Thema Frauenpolitik, um die Frage nach den sozialen Grundlagen unserer drehen. Denn soziale Ausgrenzung, ob sie nun Frauen, Behinderte, Bürger ausländischer Herkunft trifft oder Langzeitarbeitslose beiderlei Geschlechts, unterhöhlt die demokratischen Beteiligungsmöglichkeiten – nicht de jure, aber de facto. Demokratie darf nicht zur elitären Sache derjenigen werden, die in sozialer Sicherheit leben und ihre Wünsche jederzeit artikulieren können. Wenn die sozialen Grundlagen der Demokratie wegbrechen, nützen auch plebiszitäre Elemente wenig, die in letzter Zeit als demokratisches Stimulans angeboten werden.

Daß die direkte Basisbefragung nicht die optimale Prozedur innerparteilicher Willensbildung sein muß, hat die SPD bei dem Versuch, ihre Führungsprobleme zu lösen, schmerzlich erfahren. Was nützt eine Befragung, wenn wir wenig später zu den alten Entscheidungsmustern zurückkehren. Plebiszite sind immer Momentaufnahmen, die im nächsten Monat schon wieder anders aussehen können. Auch sähe ich mit Grauen einer Volksabstimmung über die Einführung der Todesstrafe entgegen – nicht nur dem Ergebnis, sondern auch der durch die Medien angeheizten Polarisierung, vor allem wenn gerade mal wieder ein schreckliches Verbrechen passiert ist. Die formalen Strukturen unserer Demokratie sind vielleicht hier und da verbesserungsbedürftig, aber insgesamt sind sie tragfähig. Doch damit sie es bleiben, brauchen wir eine Reformpolitik, die die Selbstbestimmungs- und

Beteiligungsmöglichkeiten der Bürgerinnen und Bürger erweitert und den Staat besser als heute in die Lage versetzt, seine Aufgabe als Sachwalter der Allgemeininteressen wahrzunehmen.

Es gibt auf unserem politischen Markt der Möglichkeiten auch einige, die ganz andere Angebote auf dem Tisch liegen haben und sie lautstark anpreisen. Zum Beispiel den

Markt!

Der wird in jüngster Zeit geradezu als Allheilmittel dargestellt. Nichts, was der Markt nicht schaffen könnte! Er bringt die fast fünf Millionen Arbeitslosen von der Straße – in Null Komma nichts, wenn man ihn nur richtig wirken läßt! Er kann von der Müllabfuhr bis zur Sozialpolitik alles besser als der Staat, macht diesen in der Tendenz sogar überflüssig! Er bringt Freiheit und Demokratie über den ehemals Eisernen Vorhang, er schafft im Zuge der

Globalisierung

überall auf der Welt Wohlstand und Zufriedenheit! Es ist verwunderlich, daß er nicht noch mehr gläubige Anhänger findet als heute und daß es immer noch

Menschen gibt, die an der Notwendigkeit strikter sozialer und ökologischer Regulierungen festhalten. Zu diesen Ungläubigen gehöre auch ich.

Der Markt ist ein brauchbares und unverzichtbares Regulativ für wirtschaftliches Handeln, aber er kann nicht der alleinige Maßstab gesellschaftlicher Entwicklung sein. Dies gilt sowohl innerhalb der Staaten als auch zwischen ihnen. Ich trete für eine partnerschaftliche Entwicklungspolitik zugunsten der armen Länder der Welt ein. Und ich habe überhaupt kein Verständnis dafür, wenn die Folter in türkischen Gefängnissen und der Terror der Mullahs von Teheran wegen der wirtschaftlichen Interessen deutscher Konzerne nicht mehr beim Namen genannt werden dürfen. Ich trete für die internationale Vereinbarung sozialer und ökologischer Mindeststandards ein, auf daß soziales und ökologisches Dumping verhindert werden können. Ich bin für eine dem gewachsenen globalen Bewußtsein entsprechende Reform der internationalen Organisationen, der Weltbank ebenso wie des Internationalen Währungsfonds und der Welthandelsorganisation.

Markt und Globalisierung könnten so wieder zu Gradmessern für die wirtschaftliche Effizienz und die Sinnhaftigkeit des Welthandels werden. Zur Zeit aber, unter der Devise der De-Regulierung, werden sie als Waffen im Kampf um Privilegien, um innergesellschaftliche Macht, um grenzenlose Bereicherung mißbraucht. Die Zahl der Einkommensmillionäre in unserer Gesellschaft ist in den letzten Jahren um

40 Prozent gestiegen, während die Realeinkommen der abhängig Beschäftigten seit mehr als zehn Jahren stagnieren und allenthalben Sozialleistungen gekürzt werden. Hier läuft etwas in die falsche Richtung. Das muß korrigiert werden, wie so vieles andere in dieser Republik.

Deshalb verlassen wir jetzt den politischen Trödelmarkt mit seinen vielfältigen Angeboten, seinen Zufälligkeiten und seinem bunten Treiben. Wir haben einiges näher angeschaut, einiges auch mitgenommen, anderes liegen gelassen. Manches haben wir mit Sicherheit übersehen und werden es vielleicht beim nächsten Mal finden. Was wir mitgenommen haben, ist wichtig und brauchbar für die Ausstattung unseres gemeinsamen Hauses Deutschland. Denn es ist verwohnt und in fünfzehn Jahren konservativ-liberaler Politik in einigen Ecken stark verwahrlost. Es muß von Grund auf renoviert und neu ausgestattet werden. Deshalb werden wir auf den folgenden Seiten einige Fachgeschäfte aufsuchen. Denn um die vor uns liegende politische Reformausgabe zu bewältigen, kommt es vor allem auf umfassende Beratung an.

2. Kapitel

Die Erneuerung der sozialen Demokratie

> »Wahrnehmen, was ist – und nicht verzweifeln. Aussprechen, was ist. Wißbegierig die Welt interpretieren, im Bemühen, sie so zu verändern, daß sie erhalten bleibt.«
>
> *Heinz Brandt*

Unsere Gesellschaft driftet auseinander. Die Kluft zwischen Ost- und Westdeutschland wird nicht kleiner. Die Kluft zwischen Reichen und Armen wird in ganz Deutschland immer größer. Die Massenarbeitslosigkeit hat im Februar 1997 einen Höchststand von 4,7 Millionen erreicht – Tendenz weiter steigend. Die tatsächliche Unterbeschäftigung in Deutschland – wenn man die leider allzu »stille Reserve« jener Menschen mitzählt, die längst resigniert haben und in den Statistiken nicht mehr auftauchen – wird auf sechs bis sieben Millionen geschätzt. In den Jahren 1992 bis 1996 wurden in den Unternehmen des produzierenden Gewerbes in den alten Ländern 1,6 Millionen Arbeitsplätze abgebaut (SACHVERSTÄNDIGENRAT, GUTACHTEN 1996/97).

Und dennoch geht kein Ruck durch die Gesellschaft. Zwar fehlt es nicht an besorgten Kommentaren. Die Kirchen haben sich zu Wort gemeldet. Die

Wohlfahrtsverbände weisen auf die wachsende Armut in Deutschland hin. Die Gewerkschaften schlagen Alarm. Trotzdem scheint der schleichende Verfall des Gemeinwesens niemanden so richtig aufzuregen. Es hat sich vielmehr ein Klima der Gleichgültigkeit ausgebreitet, das die blinde Egomanie der smarten Yuppie-Raffkes ebenso begünstigt wie den Abschied vieler Unternehmen aus ihrer gesellschaftlichen Verantwortung. Steuern zu zahlen wird in die Kategorie »hoffnungslose Dummheit« verwiesen. Zwar steht immer noch im Grundgesetz, daß Eigentum einer sozialen Verpflichtung unterliegt. Aber der Zeitgeist – kräftig unterstützt durch die herrschende Bonner Politik – weht aus einer anderen Richtung.

Personalabbau, so scheint es, ist zur obersten Pflicht der Manager geworden. Ein Herr Schrempp von Daimler-Benz kann, ohne ernsthaften Widerspruch befürchten zu müssen, im Jahr 1995 rund sechs Milliarden Mark Verlust einfahren, 15 000 Arbeitsplätze abbauen und sich gleichzeitig – zusätzlich zu seinen wahrhaftig nicht bescheidenen Bezügen – einen Sonderbonus in Höhe von 600 000 Mark zuschustern, um den Frust über die verlorenen Milliarden besser ertragen zu können. Und ein amtierender Landgerichtspräsident kann sich für ein paar Wochen Nebentätigkeit ausgerechnet von der Industriegewerkschaft Metall mehr als 1,3 Millionen Mark aufs Konto überweisen lassen. Das ist unanständig, doch leider kein Einzelfall. Es gilt in gewissen Kreisen sogar als clever. Tatsächlich ist es jedoch ein Indiz für den Verfall der öffentlichen Moral in diesem Land.

Wir scheinen widerspruchslos hinzunehmen, daß Millionen Menschen dauerhaft in Armut und sozialer Ausgrenzung leben müssen, während andere sich hemmungslos bereichern. Dabei hoffen all jene Manager, die bedenkenlos ihre Unternehmen leerfegen und den Leistungsdruck für die noch einmal Davongekommenen immer weiter steigern, daß das soziale Netz, von dem die Arbeitslosen und Kranken aufgefangen werden, noch ein paar Jahre halten möge. Denn wer zahlt schon gern aus der eigenen Dividende den Schaden, den er anrichtet?

Auch diese Herren profitieren natürlich von dem immer noch relativ leistungsfähigen Staat in Deutschland. Sie nehmen die Segnungen eines frei zugänglichen Ausbildungssystems für ihre Kinder in Anspruch. Sie genießen das reiche kulturelle Angebot und die – im Vergleich zu anderen Weltregionen – immer noch hohe Sicherheit auf den Straßen unserer Großstädte. Und sie preisen in Sonntagsreden die Segnungen des sozialen Friedens, der eine Bedingung für den Aufstieg Deutschlands zum Exportweltmeister war. Aber die Leistungsfähigkeit des Staates wird nicht mehr lange so bleiben, wenn sich die soziale Desintegration fortsetzt – und von der Bonner Politik weiter so verschärft wird, wie das in den vergangenen Jahren der Fall war.

Von der Zwei-Drittel-Gesellschaft zur Zwei-Drittel-Demokratie?

Schon in den siebziger Jahren haben Sozialwissenschaftler vor einer drohenden Zwei-Drittel-Gesellschaft in Deutschland – mit einer mehr oder minder saturierten Mehrheit innerhalb des Beschäftigungssystems und einer ausgegrenzten Minderheit – gewarnt. Im Klartext bedeutet das: Wer zu dieser Minderheit zählt, ist ausgeschlossen vom ökonomischen System und erhält kaum mehr eine Chance, den eigenen Lebensunterhalt zu erarbeiten (und für seine Familie zu sorgen); damit aber ist ihm nicht nur die Würde eines selbstbestimmten Daseins genommen, sondern auch die Möglichkeit zur gleichberechtigten Teilhabe am gesellschaftlichen Leben.

Diese Warnungen waren keine Schwarzmalerei. Wir brauchen die Zwei-Drittel-Gesellschaft auch nicht mehr als Gefahr zu beschwören. Sie ist längst da!

Die Anzeichen sind überdeutlich: Mehr als fünf Millionen Menschen beziehen Sozialhilfe. Nahezu jedes siebte Kind lebt nach Angaben des Kinderschutzbundes in Armut. Der Gesundheitszustand der Bevölkerung im unteren Drittel der sozialen Skala ist deutlich schlechter geworden. Vor wenigen Jahren gab es in Deutschland noch keine Straßenkinder wie in den US-amerikanischen Großstädten, in Rio oder Moskau. Heute können wir sie an jedem Großstadtbahnhof sehen. Der Rechtsradikalismus von Jugendlichen, nicht nur in Ostdeutschland, ist ein Zeichen für den

fortschreitenden Zerfall des Gemeinwesens. Und die sinkende Wahlbeteiligung signalisiert nicht nur die von Politikern und Medien hilflos konstatierte »Politikverdrossenheit« der Bevölkerung. Sie zeigt auch, daß soziale Desintegration – nicht de jure, aber de facto – die Fundamente der Demokratie aushöhlt. Befinden wir uns wirklich schon auf dem Weg zu amerikanischen Verhältnissen, wo zwar die skurrilsten Sekten Zulauf haben, aber ein großer Teil der Bevölkerung in politische Apathie versunken ist – und das durchaus nicht ungewollt?
Kann eine Demokratie es sich leisten, wenn ihre Institutionen und Entscheidungsprozesse nur noch von Minderheiten wahrgenommen werden und Wahlbeteiligungen von über 50 Prozent Seltenheitswert erlangen? Welche demokratische Legitimation hat ein US-Präsident wirklich, der von kaum mehr als einem Viertel der wahlberechtigten Bevölkerung seines Landes gewählt worden ist, für die ganze Welt zu sprechen? Die demokratische Substanz unseres Gemeinwesens steht auf dem Spiel, wenn wir die soziale Ausgrenzung eines großen Teils der Bevölkerung auf Dauer hinnehmen. Die Wahlbeteiligung in Deutschland ist nicht durch irgendwelche Zauberkräfte geringer geworden. Sie ist – wie in Amerika – im Gleichschritt mit der zunehmenden sozialen Desintegration gefallen.

Eine Zwei-Drittel-Gesellschaft führt sehr schnell zur Zwei-Drittel-Demokratie. Was aber, wenn die Entwicklung nicht bei der Zwei-Drittel-Gesellschaft stehenbleibt? Hans-Peter Martin und Harald Schumann berichten in ihrem Buch »Die Globalisierungsfalle« über eine Tagung, auf der führende Manager von US-Konzernen die Meinung vertreten hatten, die »globale Ökonomie« werde in nicht allzu ferner Zukunft mit rund 20 Prozent der arbeitsfähigen Weltbevölkerung auskommen. Sich selbst zählen diese Manager natürlich zu dieser gesegneten Minderheit. Die große Mehrheit in dieser zukünftigen »20-zu-80-Gesellschaft« müsse durch eine betäubende Mischung aus minimaler Grundversorgung und Entertainment bei Laune gehalten werden (Martin/Schumann 1996).

Selbst wenn wir in Deutschland noch etwas besser abschneiden als andere: Das darf nicht die Perspektive sein! Eine 20-zu-80-Gesellschaft ist keine Demokratie mehr, auch wenn am Grundgesetz kein einziger Buchstabe verändert wird. Wir müssen also nach Alternativen suchen, nicht allein der Arbeitslosen und Ausgegrenzten wegen (was schon Grund genug wäre), sondern um unseres Gemeinwesens willen.

Massenarbeitslosigkeit überwinden

Der amerikanische Autor Jeremy Rifkin hat die Herausforderung auf den Punkt gebracht: Entweder wir schaffen mehr Beschäftigung innerhalb *und* außerhalb des marktwirtschaftlichen Sektors, oder wir wählen eine Zukunft mit wachsender Armut und Verwahrlosung sowohl der Menschen wie der öffentlichen Einrichtungen. Entweder wir betreiben eine Politik der sozialen Integration, einer selbstbewußten Bürgergesellschaft, oder wir richten uns auf eine unwirtliche Welt ein mit wachsender Kriminalität und Unsicherheit, mit polizeilicher Repression, überfüllten Gefängnissen und sinkendem Gesundheitsstandard für die einen, mit ummauerten Wohnghettos, Überwachungsanlagen und Sicherheitsdiensten für die anderen (RIFKIN 1995).

Wir stehen vor der Aufgabe, die Balance zwischen produktiver Wirtschaft und humaner Gesellschaft neu justieren zu müssen – das sagen einige, das wissen viele. Aber die wirtschafts- und sozialpolitischen Strategien der Bonner Regierung bieten jenen, die von der klassischen Erwerbsarbeit ausgeschlossen sind, keine realistische Hoffnung. Ganz im Gegenteil: Die neoliberale Politik mit ihrer gnadenlos einseitigen Anbetung des neuen Götzen »Shareholder value« – der Privilegierung des Aktionärs vor dem eigenen Arbeiter – verschärft die soziale Desintegration und wird zur Gefahr für die demokratische Substanz der Gesellschaft.

Obwohl tatsächlich immer weniger Menschen von ihr profitieren, gewinnt diese Götzenverehrung derzeit immer weiter an Boden. Eine Vielzahl angebotspolitischer Maßnahmen, die die Wettbewerbsfähigkeit der Unternehmen erhöhen sollen, ist schon durchgesetzt worden: Die Körperschaftssteuer wurde gesenkt, die Tarifabschlüsse bewegen sich seit Jahren um den oder gar unter dem Reallohnausgleich, zahllose soziale Leistungen wurden gekürzt, die Inanspruchnahme gesetzlicher Ansprüche wurde erschwert. Die Inflationsraten sind anhaltend niedrig, und durch den Europäischen Binnenmarkt und die jüngsten GATT-Vereinbarungen wurden viele Handelsschranken beseitigt.

Das alles ist den Unternehmereinkommen zugute gekommen, während die beschäftigungspolitische Bilanz, für die das Ganze einmal erfunden wurde, verheerend ist: »Jobless growth« nennen es die Engländer, beschäftigungsloses Wachstum. Nach über zehn Jahren konservativ-liberaler Politik ist es an der Zeit zu fragen: Wenn alle diese angebotspolitischen Veränderungen zusammen den Trend zu mehr Arbeitslosigkeit nicht umkehren konnten, worauf gründet sich dann der Glaube, daß mehr vom gleichen den Durchbruch bringen könnte? Anstatt einen Moment innezuhalten, den Scherbenhaufen zu bewerten und das Scheitern dieser Politik einzuräumen, wird ihre Radikalisierung gefordert, selbst wenn es dann, wie ein prominenter Vertreter der Unternehmerverbände jüngst meinte, »ein bißchen weniger sozialen Frieden gibt«.

In Hamburg-Blankenese und anderen Villenvororten ist diese Gefahr relativ gering. Aber außerhalb der Wohlstandsinseln haben wir inzwischen tatsächlich ein Weniger an sozialem Frieden. Statt die ausgestreckte Hand der Gewerkschaften für ein »Bündnis für Arbeit« zu ergreifen, haben Regierung und Unternehmerverbände zunächst mit diesem Angebot taktiert und es dann kaltblütig ausgeschlagen. Statt den konstruktiven Dialog zu suchen, wurde die gesetzliche Regelung zur Lohnfortzahlung im Krankheitsfall verschlechtert – wohl wissend um den hohen Symbolcharakter gerade dieser 1956 durch einen vierzehnwöchigen Streik in der schleswig-holsteinischen Metallindustrie erkämpften gewerkschaftlichen Errungenschaft –, und zwar so, daß es gerade nicht die von allen ungeliebten Blaumacher trifft, sondern die wirklich Kranken, die dauerhaft der Arbeit fernbleiben müssen. Natürlich wußten die Arbeitgeber, daß sie bestehende Tarifverträge brechen, als sie mit lautem Getöse die Vorlage der Regierung sofort umsetzen wollten. Wundert es da noch, daß die Gewerkschaften inzwischen weniger auf die Kraft ihrer Argumente, dafür aber mehr auf ihre Konflikt- und Mobilisierungsfähigkeit vertrauen?

Motivierte, leistungsfreudige Mitarbeiterinnen und Mitarbeiter behandelt man anders. Sollten die langjährigen Diskussionen um kooperatives Management, um neue, flexible Arbeitsprozesse, um Selbstbestimmung und Sinnstiftung in der Arbeit, sollte die oft gehörte Beteuerung von »Der Mensch im Mittelpunkt« sich als Schön-Wetter-Geschwafel erweisen, das beim geringsten Gegenwind dem alten, herrschaftlich-autoritären Management-Stil der Vergangenheit weichen muß? Ich will das eigentlich nicht glauben: Neue Produkte, neue Produktionsprozesse, neue Absatzmärkte, neue Marketing-Methoden – und die Holzköpfe unter den Managern …? Da ist doch was aus dem Ruder gelaufen. Moderne Arbeitsprozesse brauchen das Engagement und die Kreativität aller Beschäftigten. Und deshalb geht es nicht an, die Mitarbeiterinnen und Mitarbeiter nur als »Kosten auf zwei Beinen« zu betrachten und den sozialen Frieden leichtfertig aufs Spiel zu setzen.

Wir brauchen einen neuen sozialen Konsens in Deutschland. Allerdings kann der (dies an die Adresse der Gewerkschaften und von Teilen meiner eigenen Partei) nicht darin bestehen, nur die alten Verhältnisse wiederherstellen zu wollen. Der »neue Gesellschaftsvertrag«, wie ihn der Leiter des katholischen Oswald-von-Nell-Breuning-Instituts, Professor Friedhelm Hengsbach, in einem Aufruf zusammen mit mehr als hundert Sozialwissenschaftlerinnen und Sozialwissenschaftlern gefordert hat (SOLIDARITÄT 1994), muß die tiefgreifenden Umbrüche und Veränderungen der letzten Jahre positiv aufnehmen. Viele davon kann man nicht rückgängig machen, aber man kann sie besser gestalten. Die Produktivitätssprünge durch den flächendeckenden Einsatz neuer Basistechnologien, die beschleunigten Globalisierungsprozesse enthalten auch Chancen, die wir nutzen müssen.

Die neoliberalen Strategien haben sich in den vergangenen Jahren selbst hinlänglich widerlegt. Aber auch mit klassischen keynesianischen Ausgabenprogrammen kommen wir nicht weiter. Wir müssen uns darauf einstellen: Das Vollbeschäftigungsmodell der sechziger und siebziger Jahre ist Vergangenheit. Arbeit für alle auf herkömmliche Weise wird es nicht mehr geben – und hat es übrigens nie gegeben: denn die »Vollbeschäftigung« der Männer hatte gerade in den »goldenen Zeiten« der Bundesrepublik vorausgesetzt, daß die fleißige Hausfrau daheimblieb und Kinder, Hund und Ehemann versorgte. Diesen weitgehenden Ausschluß der Frauen vom Erwerbsarbeitsmarkt akzeptieren wir heute nicht mehr, selbst wenn manche Herren der Bonner Koalition in bezug auf die hohe Erwerbsarbeitsquote der ostdeutschen Frauen von einer »Normalisierung der Frauenerwerbsarbeit« auf westdeutschem Niveau schwafeln. So einfach können und wollen wir es uns nicht machen. Denn Arbeit in einer hochentwickelten, industrialisierten Gesellschaft ist mehr, als in unterbezahlter, unterschätzter Arbeit den Herren der Schöpfung das Leben zu erleichtern.

Wenn wir unsere Gesellschaft zusammenhalten wollen, müssen wir *allen* Menschen eine Perspektive geben, auch jenen, die dauerhaft vor den Betriebstoren stehen werden. Wir müssen daher lernen, über die traditionelle Arbeitsgesellschaft hinauszudenken. Das bedeutet: Wir müssen die Erwerbsarbeit umgestalten, sie auf neue Weise in den Gesamtzusammenhang des Lebens einbetten. Wir müssen die Erwerbsarbeit neu verteilen. Wir müssen neue, nützliche Tätigkeiten außerhalb des herkömmlichen Arbeitsmarktes aufwerten und finanziell absichern. Ein menschenwürdiges, erfülltes und engagiertes Leben muß auch jenseits der klassischen Erwerbsarbeit möglich werden. Nur so wird in Zukunft eine demokratische, selbsttätige und selbstbewußte Bürgergesellschaft entstehen können.

Beschäftigung im Sinne eines Zugangs für alle erwerbsfähigen Menschen zu existenzsichernder Erwerbsarbeit – ja bitte! Vollbeschäftigung im Sinne eines von der Lehre bis zur Rente voll durch Erwerbsarbeit ausgefüllten Lebens wird es dann aber nicht mehr geben können. Dies muß nicht unbedingt, wie vielfach befürchtet, Verlust bedeuten. Wenn gleichzeitig Fragen der individuellen sozialen Sicherheit neu gelöst werden, kann das neue Lebensmöglichkeiten jenseits der Erwerbsarbeit erschließen. Damit kann es Chancen für ein vielgestaltiges und erfülltes Leben, für neue Individualität geben.

Für einen neuen, gemeinwirtschaftlichen Beschäftigungssektor

Ein Blick in die Statistiken zeigt, daß derzeit große Teile des gesellschaftlichen Arbeitspotentials brachliegen. Andererseits gibt es jede Menge notwendiger und sinnvoller Arbeit, die nicht geleistet wird. Es ist ein historischer Anachronismus, daß wir mehrere Millionen Menschen fürs Nichtstun bezahlen, sie in Abhängigkeit von der Sozialbürokratie bringen, obwohl die Pflege der lokalen Einrichtungen in sozialer, kultureller und ökologischer Hinsicht geradezu nach Arbeit schreit. Arbeitslosigkeit ist deshalb ein Problem, weil sie unter den derzeit herrschenden ökonomischen Bedingungen die Menschen aus dem Arbeitsleben ausgrenzt. Sie könnte statt dessen als Chance begriffen werden, zumindest einen Teil des vom kommerziellen Markt »freigesetzten« Arbeitspotentials nach den Bedürfnissen der Gesellschaft neu einzusetzen.

Eigentlich wissen wir alle, wo es brennt, wo dringend Arbeit geleistet werden müßte. Im sozialen Bereich, in den lokalen Zusammenhängen des Wohnumfelds und der Stadtteile wird es immer wichtiger, die traditionellen, aber brüchig gewordenen Netzwerke der Familie und des sozialen Milieus durch neue Elemente der Arbeitsorganisation und Selbsthilfe zu unterstützen. Umweltschutzprojekte jeglicher Art können die natürliche Umwelt sanieren und zugleich die Lebensqualität der Menschen verbessern. Im Fremdenverkehrsland Schleswig-Holstein wissen wir, daß gute Umwelt- und Sozialbedingungen auch ein wichtiger Wirtschaftsfaktor sind. Eine größere Vielfalt kultureller Aktivitäten kann die Freizeit und den Urlaub bereichern. In den Bildungseinrichtungen, in der Forschung und der Qualifizierung von Menschen liegt jede Menge Arbeit brach. Warum sollte es nicht möglich sein, gemeinnützige Arbeit für die Instandhaltung und Renovierung von Bauten zu mobilisieren, für die sonst kein Geld da ist? In Ostdeutschland würde sich der Verfall der Bausubstanz ungehindert fortsetzen, würden viele wertvolle Baudenkmäler unwiederbringlich verlorengehen, wenn es nicht bereits zahlreiche Arbeitsmarktprojekte im Baubereich gäbe.

Ein auf die ganze Republik ausgedehnter, gemeinnütziger Beschäftigungssektor, ein, wie es im Englischen heißt, Non- oder Lowprofit-Sektor, könnte eine Vielzahl unterschiedlicher Betätigungsmöglichkeiten bieten. Er wäre eine produktive Alternative zur Arbeitslosigkeit gemäß dem Motto der arbeitsmarktpolitischen Reformdiskussion: »Arbeit statt Arbeitslosigkeit fördern.« Aber der Aufbau eines derartigen neuen »dritten Sektors« zwischen Markt und Staat ist mehr und etwas anderes als die bisherige Arbeitsmarktpolitik. Er zielt nicht unbedingt auf eine möglichst schnelle Reintegration in den »ersten« Arbeitsmarkt, sondern ist der Versuch, das Wissen und die Fähigkeiten der Menschen für nützliche, erfüllende Tätigkeiten außerhalb des klassischen Erwerbssektors zu mobilisieren. (Und wem das ökonomische Argument für eine solche Initiative nicht einleuchtet, dem hilft vielleicht ein Blick in die Kriminal- und Drogenstatistik.)

Es besteht für mich kein Zweifel: Viele Menschen wären dankbar für eine bezahlte Arbeit in einer gemeinnützigen Beschäftigungsinitiative. Wir brauchen dafür aber vermutlich mehr Offenheit, Akzeptanz und Phantasie der Gesellschaft. Warum zum Beispiel sollten arbeitslose Kfz-Mechaniker nicht die Fuhrparks gemeinnütziger Verbände warten können? Warum sollten sich nicht arbeitslose Psychologen, Therapeuten und Pfleger in einer Initiative zusammentun können, um Drogenkranken, die sonst keine Therapie bekommen, wieder auf die Beine zu helfen? Könnten unbeschäftigte Informatiker nicht EDV-Dienstleistungen für Umweltprojekte oder Geschichtswerkstätten erbringen, etwa Datenbanken anlegen oder Informationen übers Internet besorgen? Und auch Führungskräfte könnten doch, nachdem sie dem »lean management« in ihrem Betrieb zum Opfer gefallen sind, ihre Fähigkeiten bei der Entwicklung gemeinnütziger Aufgabenfelder oder bei der Leitung von Verbänden und Vereinen entfalten – oder?

Die Betreuung der Kinder in Schule und Kindergarten ist ein äußerst wichtiger Bereich. Es gibt hier inzwischen eine Reihe von Initiativen, Trägerorganisationen, Projektgruppen, in denen Eltern sich zusammengeschlossen haben, um die ganztägige Hortbetreuung ihrer Kinder zu organisieren. Wenn diese Initiativen – auch finanziell – unterstützt würden, wäre das ein großer Fortschritt für die jungen Familien, insbesondere für die Frauen. Im Zusammenwirken von Betrieben, Kommunen, Elterninitiativen und Arbeitsmarktpolitik könnten überdies zusätzliche Betriebskindergärten geschaffen werden. Ähnliches ist auch für die Ganztagsbetreuung in Schulen denkbar, wie es in Nordrhein-Westfalen schon erfolgreich praktiziert wird.

Die Idee für mehr gemeinwirtschaftliche, gesellschaftliche Arbeit lebt also davon, ein breites Spektrum von halbprivaten und halbstaatlichen Lösungen zuzulassen, mit denen die strikte Trennung zwischen dem marktwirtschaftlichen und dem staatlichen Sektor überwunden wird.

Dabei dürfen auch die unfreiwillig Teilzeit- oder Kurzzeitbeschäftigten nicht vergessen werden. Teilzeit gewährleistet bei vielen Menschen nicht mehr das zum Leben notwendige Einkommen. Deshalb müssen wir darüber nachdenken, ob für Teilzeitbeschäftigte, etwa durch steuerliche Abzugsmöglichkeiten, eine Entlohnung gemeinnütziger Tätigkeiten erleichtert werden kann. Das wäre allemal nützlicher und auch für die betroffenen Menschen erfüllender als die passive Entgegennahme von Lohnersatzleistungen, Sozialhilfe oder ein allzu früher Ruhestand.

Es geht bei alldem nicht allein um staatliches Geld und staatliches Handeln. Es geht auch um die Entwicklung einer engagierten Bürgergesellschaft, die sich wieder mehr um öffentliche Angelegenheiten kümmert und durch ihre Initiative das Gemeinwesen erst lebendig macht. Dafür gilt es, unterstützende Rahmenbedingungen zu schaffen und Finanzmittel zu mobilisieren.

Nicht wenige Menschen in diesem Land haben sehr viel Geld. Denen sollten wir endlich bessere und auch prestigeträchtige Gelegenheiten schaffen, mit ihren Überschüssen etwas Nützlicheres anzufangen, als sie nach Luxemburg zu transferieren oder in unsinnige Abschreibungsprojekte zu stecken. Es muß für Unternehmer, glückliche Erben und sonstige wohlhabende Bürgerinnen und Bürger attraktiver werden als bisher, Teile ihres Vermögens in Stiftungen, gemeinnützigen Vereinen oder Instituten anzulegen. Amerika hat gelernt, mit diesem Instrument virtuos zu spielen. Auch unser gesellschaftliches Leben würde nicht nur reicher und vielfältiger werden, es würde auch Arbeit für jene geschaffen, die sie dringend brauchen.

Der verstorbene ehemalige Chefredakteur des »Stern«, Henri Nannen, ist hier ein leuchtendes, aber leider allzu einsames Beispiel. Er war nicht gezwungen, sein Vermögen – inklusive Ferienhaus und Segeljacht – zu veräußern, um eine großartige Kunsthalle in Emden zu bauen. Er hat es einfach gemacht, und vielen Skeptikern zum Trotz ist das Projekt unter allen nur denkbaren Gesichtspunkten zu einem Erfolg geworden: Etwa hunderttausend Besucher pro Jahr zieht die Kunsthalle in die eher abgelegene Kleinstadt. Das ist nicht nur edles Mäzenatentum, sondern auch ein Wirtschaftsfaktor, der auf die ganze Stadt ausstrahlt. Nicht wenige Menschen in der von hoher Arbeitslosigkeit geplagten Stadt verdienen dadurch ihr Brot und entwickeln so neuen Stolz. Obendrein können sich junge Menschen in der angeschlossenen Malschule an Farbe und Pinsel versuchen. Gesellschaftliches Engagement dieser und ähnlicher Art birgt ein Potential, das in den klassischen Erwerbsbereichen nicht vorhanden ist.

Nicht jeder und nicht jede kann ein Henri Nannen sein oder ein Jan Philipp Reemtsma, der von seinem Geld das renommierte Hamburger Institut für Sozialforschung und die Arno-Schmidt-Stiftung unterstützt. Aber sicher wäre eine ganze Menge mehr möglich, wenn wir jene betuchten Bürgerinnen und Bürger, die in diesem Geist auf allen nur denkbaren sozialen und kulturellen Feldern wirken möchten, zu solchen und ähnlichen Vorhaben ermutigen würden.

Dabei braucht niemand Angst vor unliebsamer Konkurrenz zu haben. Die Arbeit im gemeinnützigen Sektor, unabhängig davon, ob sie in Stiftungen, Vereinen, Wohlfahrtsverbänden oder in Instituten verrichtet wird, steht nicht in Konkurrenz zur Arbeit gewerblicher Unternehmen oder des öffentlichen Dienstes, sondern ergänzt diese auf fruchtbare Weise. Sie ist in aller Regel Arbeit, die sonst überhaupt nicht getan würde. Und wenn sie erst eine eigene Dynamik entwickelt hat, wirft sie früher oder später auch Aufträge für die örtlichen Unternehmen ab. In einigen Regionen Ostdeutschlands sind Arbeitsmarktprojekte nach dem flächendeckenden Zusammenbruch der alten Betriebe zum größten Wirtschaftsfaktor geworden, sowohl was die Beschäftigung als auch was die Auftragsvergabe angeht. Durch sie wird der Boden für den Neuaufbau anderer wirtschaftlicher Tätigkeiten in der Region bereitet, das Wissen und die Fähigkeiten der Menschen werden erhalten.

Bei manchen marktnahen Projekten, etwa bei der Flächensanierung und im Bausektor, können sich neue Marktchancen im gewerblichen Bereich ergeben. Einige Umweltprojekte in Schleswig-Holstein, die in den vergangenen Jahren durch Mittel aus Arbeitsbeschaffungsmaßnahmen (ABM) mitfinanziert worden sind, erwiesen sich als Katalysatoren der ökologischen Innovation, zum Beispiel in der Abfallwirtschaft oder bei der Sanierung einer Industriebrache bei Lübeck. In allen ländlich strukturierten Regionen könnte eine wirksame Unterstützung des ökologischen Landbaus für zusätzliche Beschäftigung sorgen. Die konventionelle Landwirtschaft in Deutschland ist hoch subventioniert. Warum nicht statt dessen in die arbeitsintensivere Produktion gesunder, ökologischer Nahrungsmittel investieren?

Natürlich ist das alles mit der reinen marktwirtschaftlichen Lehre nicht ohne weiteres in Einklang zu bringen. Aber wer bei der Bekämpfung der Massenarbeitslosigkeit nach ideologisch stubenreinen Lösungen sucht, wird nicht sehr weit kommen. Das war schon in der Vergangenheit so. Es gab und gibt massenweise sinnvolle und weniger sinnvolle Arbeit, die aus Transfermitteln unterstützt wird. Was zu tun ist und was nicht, darüber ist politisch zu entscheiden. Ist der Steinkohle-Bergbau etwa nur ein gigantisches ABM-Projekt, weil jeder Arbeitsplatz dort mit rund 100 000 Mark pro Jahr subventioniert wird? Niemand würde zum Beispiel auf die Idee kommen, die Leistung der Schauspielerinnen und Schauspieler des Lübecker Stadttheaters deswegen geringer zu achten, weil die Bühne weniger als ein Drittel ihrer Kosten einspielt.

Die Gesellschaft, die Gemeinde, die Stadt hat politisch entschieden, daß sie diese Arbeiten will, und unterstützt sie deshalb mit den Mitteln der Wirtschaftsförderung oder anderer Förder- und Haushaltstöpfe. Oder die Arbeiten sind in den Aufgabenbereich des öffentlichen Dienstes übernommen worden und werden aus Steuermitteln finanziert. Genauso können wir uns dafür entscheiden, die jährlich mehr als 160 Milliarden Mark, die derzeit zur Finanzierung der Massenarbeitslosigkeit und ihrer Folgen aufgebracht werden, zur Finanzierung gesellschaftlich nützlicher Arbeit einzusetzen. Dann gäbe es auch keinen Grund mehr, staatlich unterstützte Arbeit in einem neuen gemeinwirtschaftlichen Sektor – sei es in Arbeitsmarktprojekten, unter dem Dach von Wohlfahrtsverbänden oder in unabhängigen Initiativen – als minderwertig anzusehen gegenüber der Arbeit in den Sektoren Privatwirtschaft und Staat.

Ich bin der Meinung, die Unternehmen und ihre Verbandssprecher sollten ihre Kraft nicht darauf konzentrieren, alle Ansätze für den Auf- und Ausbau eines solchen gemeinwirtschaftlichen Sektors aus Konkurrenzangst zu bekämpfen. Sie sollten sich vielmehr beim Aufbau gemeinwirtschaftlicher Beschäftigung engagieren, sich selbst in die Trägerstrukturen hineinbegeben und eine für sie vorteilhafte Form der Kooperation suchen. Es gibt nicht nur bei den sogenannten »marktnahen« Tätigkeiten, etwa im Umweltbereich, ein breites Spektrum von Lösungsmöglichkeiten, die weder rein staatlich noch rein privatwirtschaftlich sind, sondern eine je nach Gegenstand spezifische Mischung aus beidem. Auch bei den persönlichen Dienstleistungen, etwa bei der Kinderbetreuung oder bei vielen Pflegeleistungen, lassen sich Mischformen denken, die betriebswirtschaftlich effizientes Arbeiten mit einem sozialen und kulturellen

Auftrag verbinden. Auf diese Weise könnte die strikte Trennung zwischen staatlichem und privatwirtschaftlichem Sektor überwunden werden – zum Nutzen aller.

Beschäftigungspolitik »entfesseln«

Es gehört meines Erachtens zu den vordringlichen Hausaufgaben einer zukünftigen Reformpolitik auf Bundesebene, die gesetzlichen Rahmenbedingungen für den Auf- und Ausbau eines gemeinwirtschaftlichen Sektors zu verbessern oder überhaupt erst zu schaffen. Das dafür letztlich entscheidende Engagement von Bürgerinnen und Bürgern kann niemand befehlen. Die Politik aber kann und muß den Raum dafür öffnen – und dazu gehört es, die Beschäftigungspolitik aus ihren engen, konventionellen Fesseln zu befreien.

Die Arbeitsmarktpolitik der Bundesregierung läßt sich nicht einmal mit dem Satz umschreiben: »Operation gelungen, Patient tot.« Die aktive Arbeitsmarktpolitik wurde kontinuierlich heruntergefahren – nicht weil das Problem der Massenarbeitslosigkeit gelöst wäre, sondern im Gegenteil, weil es gewachsen ist und deswegen immer größere Finanzlöcher in den Haushalten des Bundes und der Arbeitslosenversicherung zu stopfen waren. Am Ende stellte sich heraus: Zwar ist der Arbeitsmarkt mausetot, aber der Haushaltsausgleich keineswegs gelungen. Kein Wunder, denn die restriktive Arbeitsmarktpolitik der Bundesregierung trug dazu bei, die sich beschleunigende Abwärtsspirale von Arbeitsmarkt- und Finanzkrise in Schwung zu halten.

Schon immer war die Arbeitsmarktpolitik zahlreichen Restriktionen unterworfen, durch die sie in ihren Wirkungs- und Handlungsmöglichkeiten stark eingeschränkt wurde. Das »Zusätzlichkeitsgebot« zieht enge Grenzen für erlaubte Tätigkeiten. Die zeitliche Befristung für ABM-Stellen bewirkt, daß den Projekten und Betrieben die während der Förderdauer aufgebauten Qualifikationen der Beschäftigten immer wieder verlorengehen. Das behindert dringend nötige und erwünschte Professionalisierungsprozesse, ohne den ABM-Beschäftigten die Gewähr zu bieten, nach ihrem Ausscheiden auf dem »ersten« Arbeitsmarkt eine Stelle zu finden.

Die Förderrichtlinien sind geradezu darauf angelegt, betriebswirtschaftlich effizientes Wirtschaften der Projekte zu verhindern. Denn alles auf dem Markt verdiente Geld wird auf die Förderung angerechnet. Warum also sollte ein Betrieb seine Energien darauf konzentrieren, sein Produkt oder seine Dienstleistung optimal zu vermarkten? Er hat keinen Vorteil davon. Und der bürokratische Aufwand bei der Beantragung neuer Projekte ist inzwischen so horrend, daß er nur noch von hochprofessionalisierten Trägerorganisationen bewältigt werden kann.

Also dann doch lieber Suppenküchen für Arbeitslose, Kinder, Obdachlose und kinderreiche Familien? Zumindest erfordert das deutlich weniger Aufwand, weniger Bürokratie und wird von gutmütigen Frauen und Männern tagtäglich ohne einen Pfennig Taschengeld übernommen. Eine zynische Alternative ...

Es erscheint wenig sinnvoll, bei den derzeit bestehenden Rahmenbedingungen und entgegen der restriktiven Politik der Bundesregierung die Zahl der ABM-Stellen einfach zu erhöhen. Eigentlich könnte die Arbeitsmarktpolitik wichtige Ansatzpunkte für die Entwicklung eines neuen, gemeinwirtschaftlichen Sektors bieten. Aber dazu müßten die Rahmenbedingungen in wesentlichen Punkten verändert werden. Wir müssen den zweiten Arbeitsmarkt »entfesseln«, von bürokratischen und wirtschaftlichen Restriktionen befreien, damit er in eine neue gemeinwirtschaftliche Dimension hineinwachsen kann.

Das gleiche gilt übrigens auch für andere Aspekte unseres Sozialrechts. Ich bin sehr dafür, die sparsame und zweckentsprechende Verwendung öffentlicher Zuwendungen zu fordern. Aber kann es wirklich im öffentlichen Interesse sein, wenn einer alleinerziehenden Mutter, die Sozialhilfe erhält und trotz aller Widrigkeiten versucht, durch gelegentliche Aufträge die Verbindung zur Berufswelt zu wahren, alles hinzuverdiente Geld wieder abgezogen wird? Das ist nichts weiter als eine Aufforderung zum passiven Leistungsbezug oder zur Schwarzarbeit. Ist es wirklich besser, sie später mit viel Aufwand durch Wiedereingliederungsprogramme zu fördern, als ihr zumindest einen

Teil des selbstverdienten Geldes zu lassen? »Arbeit muß sich wieder lohnen« – bei den eben genannten unsinnigen Vorschriften hätte der Kampfruf der Bonner Koalition tatsächlich mal eine Berechtigung, aber nicht für die Absenkung von Lohnersatzleistungen und Sozialhilfe!

Die Arbeitsmarktpolitik in Deutschland muß also dringend aus ihrer Lückenbüßerrolle befreit werden. Sie darf nicht weiter das ungeliebte Stiefkind bleiben, das immer dann zum Sündenbock gemacht wird, wenn es finanziell eng wird. Sie muß vielmehr positiv weiterentwickelt werden, um das brachliegende Arbeitspotential für sinnvolle Tätigkeiten im Allgemeininteresse zu aktivieren, um vielen Arbeitslosen eine inhaltlich und auch finanziell lohnende Perspektive zu geben – und nicht zuletzt, um in einem neuen gemeinnützigen Wirtschaftssektor, soweit es geht, Werte zu schaffen und die dafür aufgewendeten Steuermittel produktiv und nützlich einzusetzen. Die fünf wichtigsten Eckpunkte einer Reform sind meines Erachtens die folgenden:

Erstens: Die Beschäftigungspolitik muß geöffnet und verstetigt werden. Strenge Regulierungen und zeitliche Begrenzungen bei den Arbeitsbeschaffungsmaßnahmen können keine Lösung sein, wenn die Brücke in den ersten Arbeitsmarkt nicht mehr trägt. Häufig genug verhindert das Regelungsgestrüpp des Arbeitsförderungsgesetzes innovative Ideen für nützliche Tätigkeiten. Unsichere ABM-Stellen, die ständig von Kürzungen bedroht sind, können nur begrenzt motivieren. Nicht mehr allein die Brücke, sondern die dauerhafte gesellschaftliche Integration sollte Leitbild für öffentliche Arbeiten der Zukunft sein. Kurz: Im Prinzip muß zeitlich unbegrenzte, nicht minderwertige, sondern gesellschaftlich anerkannte Arbeit ermöglicht werden.

Zweitens: Die Beschäftigungspolitik muß stärker regionalisiert werden. Die Länder, die Kreise, die Städte und Gemeinden müssen dafür die nötigen Instrumente an die Hand bekommen. Das betrifft unter anderem den Mitteleinsatz und die organisatorische Verantwortlichkeit. Die aktiven und passiven Leistungen der Bundesanstalt für Arbeit und andere Finanzierungsquellen müssen vor Ort für Projekte, Initiativen und Aufgaben im gemeinwirtschaftlichen Sektor eingesetzt werden können. Nur in den Ländern und Gemeinden wird sich ein entscheidungsfreudiger Trägerverbund entwickeln können, der Beschäftigungsprojekte entsprechend dem regionalen und lokalen Bedarf anstößt, vermittelt, ausschreibt und vergibt.

Drittens: Die Beschäftigungspolitik muß leistungsfähiger werden, als sie es unter den heutigen Bedingungen sein kann. Damit der Mitteleinsatz und die Projekte effizient sind, brauchen wir auch Wettbewerbsstrukturen, etwa durch wettbewerbsähnliche Auftragsvergaben. Ziel sollte dabei sein, eine möglichst hohe Selbstfinanzierungsrate gemeinnütziger Aufgaben – im Rahmen der gewählten sozialen und kulturellen Aufgabe – zu erreichen. Eine bewußte Wertschöpfungsorientierung in diesem Bereich hat mehrere Vorzüge: Gesellschaftliche Arbeit erhält eine größere Akzeptanz. Mit den Geldern können mehr Projekte finanziert werden. Im günstigen Fall werden wirtschaftliche Impulse auf andere Bereiche übertragen.

Viertens: Ein leistungsfähiger gemeinnütziger Beschäftigungssektor braucht eine günstige Mischung der technischen und sozialen Qualifikationen und Tätigkeitsprofile. Die gesamte Palette der Qualifikationen muß sich aufgabenorientiert dort wiederfinden – Ungelernte und fachlich Ausgebildete ebenso wie hochqualifizierte Führungskräfte. Entsprechend müssen die Einkommen abgestuft sein, was in speziellen Tarifvereinbarungen für gemeinnützige Arbeiten geregelt werden kann.

Fünftens: Gemeinnützige Arbeit benötigt finanzielle Stetigkeit, um nicht nur ihre soziale Integrationsaufgabe effektiv leisten zu können, sondern auch um die Qualität der für die Allgemeinheit erbrachten Produktions- bzw. Dienstleistungen zu erhöhen. Beispielsweise können regionale Finanzierungspools eine Grundfinanzierung von anerkannten Beschäftigungsträgern und Projekten sicherstellen und gleichzeitig einen flexiblen Budgeteinsatz für wettbewerbliche Auftragsvergaben ermöglichen.

Wenn wir die Arbeitsmarktpolitik in diesem Sinne reformieren und sie damit zur Keimzelle eines neuen gemeinwirtschaftlichen Sektors aufwerten, wird nicht nur den Arbeitslosen geholfen. Es bilden sich neue soziale, ökologische und kulturelle Dienstleistungen heraus, die allen Menschen, auch denjenigen im Erwerbssektor, eine verbesserte Lebensqualität bieten. Und es wird auf lange Sicht – ähnlich wie zur Zeit schon bei den etablierten Wohlfahrtsverbänden – ein neues, sozial orientiertes Unternehmertum heranwachsen, das seinen Erfolg nicht mehr im möglichst hohen Profit, sondern in der möglichst weitgehenden Erfüllung sozialer Aufgaben sieht.

Finanzierung des gemeinwirtschaftlichen Sektors

Je effizienter der neue gemeinwirtschaftliche Sektor arbeitet, desto größer wird seine soziale und wirtschaftliche Reichweite sein. Je höher die Selbstfinanzierung, desto besser sind die in ihn einfließenden Mittel der öffentlichen Hand und der Sozialversicherungen angelegt. Je mehr Arbeitslosigkeit wir in gemeinwirtschaftliche Arbeit überführen, desto größer wird der gesellschaftliche Nutzen und um so geringer werden die Kosten und Folgekosten der Massenarbeitslosigkeit sein.

Dennoch werden sich viele sinnvolle Arbeiten nur zu einem geringen Teil aus eigenen Erlösen finanzieren lassen. Je nach dem Inhalt der Arbeit, je nach den konkreten örtlichen Umständen wird sich eine spezifische Mischung aus eigenen Erlösen und Transfermitteln ergeben. Der gemeinwirtschaftliche Sektor ist also keine finanzielle Patentlösung, mit deren Hilfe sich der Staat seiner Aufgaben entledigen könnte. Aber er bietet eine Chance, die anstehenden Aufgaben – Bekämpfung der Arbeitslosigkeit und Erstellung gesellschaftlich nützlicher Produkte und Dienstleistungen – sinnvoller und effektiver zu lösen als bisher.

Derzeit wenden Bund, Länder und Gemeinden in Deutschland jährlich gut 160 Milliarden Mark für die Kosten der Arbeitslosigkeit auf. Dazu kommen die Leistungen der Arbeitslosen- und Rentenversicherung. Dieses für passive Lohnersatzleistungen, Sozialhilfe und andere passive Leistungen aufgewendete Geld kann zum großen Teil in Entlohnung für sinnvolle gesellschaftliche Arbeit umgewandelt werden.

Aber auch das gibt es nicht umsonst und ohne Gegenfinanzierung. Wir werden nach wie vor einen hohen Finanzbedarf haben. Wer heute Unternehmern leichtfertig eine Verminderung der steuerlichen Gesamtbelastung verspricht, setzt sich dem Verdacht aus, dies auf Kosten der Arbeitslosen, der kleinen und mittleren Einkommen erreichen zu wollen. Denn für den Aufbau der neuen Länder, die Modernisierung der Hochschulen, die Förderung technologischer Innovation, die Sicherung der nationalen und internationalen Märkte brauchen wir Mittel, die von irgend jemandem aufgebracht werden müssen. Es bedarf also nicht einer Verminderung, sondern einer Veränderung der Abgaben- und Steuerlast, um ein neues Gleichgewicht zwischen allgemeiner wirtschaftlicher Wettbewerbsfähigkeit und moderner Sozialstaatlichkeit herzustellen. Ich halte es für richtig, die Sozialversicherungen von versicherungsfremden Leistungen zu entlasten und damit die Lohnnebenkosten deutlich zu senken. Arbeitsmarktpolitik zum Beispiel wird im allgemeinen Interesse der Gesellschaft betrieben und sollte deshalb über Steuern, also von allen Bürgern, auch von den Beamten, den Freiberuflern und den besser betuchten Rentnern finanziert werden. Gewerkschaften, SPD, wissenschaftliche Institute arbeiten an derartigen Konzepten.

Als wichtigstes Finanzierungsinstrument habe ich eine ökologische Steuerreform vorgeschlagen (Die Zeit, Nr. 4, 1995), mit deren Hilfe die Lohnnebenkosten deutlich gesenkt und der Umweltverbrauch in kalkulierbaren Stufen verteuert werden. Wir können so gleich zwei Fliegen mit einer Klappe schlagen: Die Kostensenkung für die Unternehmen führt zu besserer Wettbewerbsfähigkeit auf dem Binnen- und auf dem Weltmarkt; die stärkere Belastung von Energie- und Umweltverbrauch führt zu einer Ökologisierung von Produktionsweise und Produkten – und damit zu einer Entlastung der natürlichen Umwelt. Dies führt zu einem Abbau von Arbeitslosigkeit und verbessert die Lebensqualität für alle Menschen – nicht nur für jene, die sich am Wochenende aus den Großstädten in ihre ländlichen Villen in der Holsteinischen Schweiz, an der Ost- und Nordseeküste, im Taunus oder im Alpenvorland zurückziehen können.

Wenn wir es ernst meinen mit der sozialstaatlichen Verpflichtung unseres Grundgesetzes, können wir den wirklich Reichen in dieser Gesellschaft finanzielle Entlastung nur dort versprechen, wo sie ihr Geld in produktive Tätigkeit und in gemeinwirtschaftliche Arbeit fließen lassen. Wir müssen die genannten Hindernisse beiseite räumen und mehr politische Phantasie mobilisieren, um den Reichtum in unserer Gesellschaft in diese Richtung zu lenken. Es ist absurd, daß produktiv angelegtes, Arbeit schaffendes Betriebsvermögen zur Zeit höher besteuert wird als konsumtiv genutztes Privatvermögen.

Wir brauchen eine neue Solidarität zwischen Kapital und Arbeit, oder, wie der Münchner Soziologe Ulrich Beck formuliert hat: »Die Reichen müssen neu auf das Gemeinwohl verpflichtet werden.« Insbesondere wenn Unternehmen ihre Bilanzen durch Rationalisierungs- und Produktivitätsgewinne aufpolieren und dabei Arbeitskräfte zu Hunderten oder Tausenden auf die Straße setzen, darf ein fairer Beitrag der Unternehmen zu mehr Beschäftigung im gemeinwirtschaftlichen Sektor kein Tabu sein.

So könnte eine kommunale Wertschöpfungssteuer – mit breiter Steuerbasis und niedrigen Steuersätzen – eine vernünftige Finanzierungsquelle für die Beschäftigungspolitik der Städte und Gemeinden werden. Auch die Unternehmen können ja von öffentlicher, gemeinnütziger Arbeit profitieren. Diese Investition in die Bürgergesellschaft von morgen wird auf Dauer billiger sein als die wachsenden Kosten gesellschaftlicher Desintegration.

Beschäftigungsstrategien im formellen Sektor

Das bisher Gesagte bezieht sich auf Strategien außerhalb des formellen marktwirtschaftlichen und staatlichen Beschäftigungssektors. Das Ziel dabei ist, Arbeitslosigkeit in gesellschaftlich sinnvolle Beschäftigung zu überführen. All dies steht nicht im Gegensatz zu Strategien im formellen Beschäftigungssektor, dem ja angeblich die ungeteilte Aufmerksamkeit der Bundesregierung gilt – mit bemerkenswerter Erfolglosigkeit. Im Zusammenhang mit der Anfang 1996 unverantwortlicherweise abgebrochenen Diskussion um ein »Bündnis für Arbeit« wurden von seiten der Bundesregierung insgesamt fünfzig Punkte aufgezählt, die mehr Arbeitsplätze, ja sogar eine »Halbierung der Arbeitslosigkeit bis zum Jahr 2000« bringen sollen.

Der Titel dieses Punkte-Katalogs ließ aufhorchen. Eine Gruppe von Arbeitsmarktexperten hatte nämlich 1994 eine Denkschrift mit demselben Titel veröffentlicht, in der als wichtigste Maßnahmen zur Halbierung der Massenarbeitslosigkeit ein Ausbau der aktiven Arbeitsmarktpolitik und weitere Maßnahmen zur Arbeitsumverteilung und Arbeitszeitverkürzung gefordert worden waren (Berliner Erklärung 1994). Bei genauer Lektüre des Fünfzig-Punkte-Katalogs der Bundesregierung zeigte sich, daß die Regierung Kohl zwar mit unfehlbarem Gespür für werbewirksame Parolen den Titel der Denkschrift geklaut, ihre Inhalte aber verschmäht hatte. So bleibt festzustellen, daß ein Abendessen im Kreise von Wirtschaftsfürsten eben doch keine Arbeitsmarkt- und Wirtschaftspolitik ersetzt, mag das Essen noch so gut gewesen sein.

Was also ist von den Vorschlägen der Bundesregierung zu halten? Natürlich müssen wir den wirtschaftlichen Strukturwandel sowie Innovationen in der Energiewirtschaft, in der Kommunikationstechnologie und im Verkehrsbereich fördern – aber doch nicht ausgerechnet durch stures Festhalten an der veralteten, risikobeladenen Kernenergie, nicht durch ökonomisch waghalsige und verkehrstechnisch völlig unsinnige Prestigeobjekte wie die Transrapid-Strecke Hamburg–Berlin, der die Deutsche Bahn AG jetzt auch noch die ursprünglich geplante ICE-Verbindung zwischen Berlin und Hamburg opfern mußte. Natürlich müssen wir die Bedingungen für Unternehmensgründungen verbessern, natürlich müssen die Beschäftigungsmöglichkeiten im Dienstleistungsbereich optimal ausgeschöpft werden. Aber wenn das im wesentlichen alles ist, was die Bundesregierung zur »Halbierung der Arbeitslosigkeit bis zum Jahr 2000« zu bieten hat, ist das eindeutig zu kurz gesprungen.

Wie viele Pizza-Dienste, Werbeagenturen, Fahrradkuriere, Änderungsdienste usw. soll es denn geben, um die Massenarbeitslosigkeit auch nur um ein Zehntel zu senken? Und was ist mit jenen 100 000 Beschäftigten in einem der bisher am stärksten expandierenden Dienstleistungsbereiche, den Banken, die nach Einschätzung von Experten in den nächsten Jahren durch neue Technologien eingespart werden? Die Hoffnung, der Dienstleistungsbereich könnte all jene aufnehmen, die im gewerblichen Bereich »freigesetzt« werden, wird nicht in Erfüllung gehen – zumal auch der Pizza-Service leidet, wenn den Menschen das Kleingeld für diesen bequemen Mittagstisch fehlt.

Natürlich ist es auch notwendig, die Lohnnebenkosten zu senken. Aber ist nicht gerade die Massenarbeitslosigkeit die wichtigste Ursache für ständig steigende Beitragssätze bei den Sozialversicherungen? Also wäre es doch sinnvoller, bei den Ursachen anzusetzen, statt an den Symptomen herumzukurieren: Die Lohnfortzahlung im Krankheitsfall zu verschlechtern und damit den sozialen Frieden im Lande zu gefährden und die Leistungsmotivation der Beschäftigten in den Betrieben zu ruinieren ist keine Therapie.

Niemand kann ernsthaft daran zweifeln, daß der Prozeß der »Freisetzung« von Arbeit auch in Zukunft andauern, sich möglicherweise sogar beschleunigen wird. Es ist deshalb völlig illusorisch, die Beschäftigungslücke allein oder primär durch irgendwelche wie auch immer geartete Strategien des quantitativen wirtschaftlichen Wachstums schließen zu wollen. Wir haben seit 1980 ein durchschnittliches Wachstum des Bruttosozialprodukts von rund zwei Prozent pro Jahr. Die Arbeitslosigkeit aber hat sich in diesem Zeitraum mehr als verdoppelt. Wie hoch müßte also ein Wachstum sein, das die Beschäftigungslücke auch nur annähernd schließen könnte? Ob neoliberal oder keynesianisch – reine Wachstumskonzepte funktionieren nicht und wären gegenüber unserer natürlichen Umwelt auch nicht zu verantworten. Wir brauchen andere Antworten.

Eine Antwort ist, wie oben dargestellt, der Ausbau eines gemeinwirtschaftlichen Sektors. Eine andere Antwort ist die Neu- und Umverteilung der vorhandenen Erwerbsarbeit durch moderne Arbeitszeitmodelle, von denen die Unternehmen ebenso profitieren wie die Beschäftigten. Wir haben mit der Verkürzung der Wochenarbeitszeit auf etwa dreißig Stunden und den ergänzenden Teilzeitmodellen für Ältere und Jugendliche bei VW ein herausragendes Beispiel für betriebliche Arbeitsplatzsicherung. Auch in Schleswig-Holstein haben Betriebe Arbeitszeitmodelle eingeführt, die den Beschäftigten mehr Selbstbestimmung ermöglichen, den Betrieben mehr Flexibilität beim Arbeitseinsatz verschaffen – und damit Arbeitsplätze sichern.

Rund 30 000 Menschen wurde durch die neue Arbeitspolitik bei VW der Arbeitsplatz erhalten. Erstmals in der deutschen Tarifgeschichte wurde eine zeitlich befristete, verbindliche Beschäftigungsgarantie zwischen Arbeitgeber- und Arbeitnehmerseite vereinbart (HARTZ 1994). Untersuchungen haben ergeben, daß die verkürzte Arbeitszeit von den Beschäftigten und ihren Angehörigen nicht nur unter dem Druck drohender Massenentlassungen angenommen wurde, sondern von einer Mehrheit als deutliche Verbesserung ihrer Lebensqualität empfunden wird (KUMEYER u.a. 1996).

Natürlich gibt es auch Einwände: Die mit Arbeitszeitverkürzung verbundenen Einkommensverluste können nicht alle abhängig Beschäftigten schmerzlos wegstecken. Selbst viele besser verdienende Angestellte können aufgrund langfristiger Verbindlichkeiten ihr Ausgabenniveau nicht von heute auf morgen um mehr als zehn Prozent senken. Beschäftigte in Betrieben und Branchen mit niedrigem Lohnniveau können dies noch viel weniger. Und nicht immer führen Arbeitszeitverkürzungen auch zur erwünschten Umverteilung von Arbeit und damit zu Neueinstellungen. Das VW-Modell und andere Tarifvereinbarungen zur Beschäftigungssicherung haben nicht neue Arbeit geschaffen, sondern bestehende Beschäftigung erhalten. Sie waren ein positives Ergebnis der Opferbereitschaft und Solidarität von Arbeitnehmern. Das ist wichtig. Es reicht jedoch nicht aus.

Wir brauchen zusätzliche Initiativen zur Umverteilung von Arbeit auf mehr Menschen. Ohne solche Umverteilungsprozesse werden wir den Anspruch auf existenzsichernde Arbeit für alle nicht durchsetzen können. Auch der neue gemeinwirtschaftliche Sektor wird – bei allem Potential an sinnvoller gesellschaftlicher Arbeit – nicht alle aufnehmen können, die vom formellen Beschäftigungssektor unter den zur Zeit vorherrschenden Bedingungen »freigesetzt« werden. Wir müssen also auf alle erdenkliche Weise die Bereitschaft der Menschen fördern, einen Teil ihrer Arbeit an andere abzugeben.

Dies wird kaum durch die bisher von den Gewerkschaften verfolgte »Wochenarbeitszeitverkürzung bei vollem Lohnausgleich« erreicht werden können. In der Vergangenheit hat sie zweifellos Arbeitsplätze gesichert oder sogar neue geschaffen. Beschleunigt durch den Globalisierungsdruck und den nahezu vollständigen Zusammenbruch der ostdeutschen Wirtschaft verlieren weitaus mehr Menschen ihre Arbeit, als durch die kompensierende Wirkung der gewerkschaftlichen Arbeitszeitpolitik aufgefangen werden konnten. Solange die Arbeitszeitpolitik Teil des Verteilungskonflikts zwischen Unternehmen und Gewerkschaften ist, wird sie Beschäftigung nicht in dem Maße umverteilen können, wie es erforderlich wäre. Aber die Gewerkschaften sind, anders als die Unternehmer, wenigstens zu neuen und für sie auch schmerzvollen Diskussionen bereit.

Moderne Arbeitszeitgestaltung

Es ist also notwendig, zu anderen Modellen der Arbeitsumverteilung zu kommen. Wir brauchen mehr Teilzeitarbeit, mehr sozial abgesicherte Erziehungszeiten, mehr freiwillige »Sabbaticals«, in denen man beispielsweise eine Qualifizierung durchläuft oder eine Tätigkeit im wachsenden gemeinwirtschaftlichen Sektor ausübt. Die Grenzen zwischen Arbeit und Leben, zwischen Erwerbsarbeit und gesellschaftlichem Engagement müssen aufgeweicht und in sozial abgesicherter Weise passierbar gemacht werden. Wir müssen zu allgemein kürzeren und zugleich flexibleren Arbeitszeiten kommen, um allen Menschen größere Freiräume für ein erfülltes Leben jenseits des Zwangs zur Erwerbsarbeit zu verschaffen und gleichzeitig dem Interesse der Unternehmen nach flexiblem Einsatz des Faktors Arbeit gerecht zu werden.

Arbeitszeitverkürzung muß nicht, wie es gebetsmühlenhaft vorgebrachte Verlautbarungen aus dem Arbeitgeberlager wider besseres Wissen vermuten lassen, geradewegs in den wirtschaftlichen Ruin führen. Denn sie erleichtert die Einführung von flexiblen Arbeitszeitmodellen bis hin zu variablen Schichtsystemen erheblich. Kluge Arbeitgeber werden im eigenen Interesse zunächst die Zeitnot ihrer Beschäftigten lindern, bevor sie von ihnen flexiblen Arbeitseinsatz fordern. Die Betriebsnutzungszeiten können bei deutlich kürzeren Arbeitszeiten ohne große Umstände und zu sozial verträglichen Bedingungen erweitert werden. Besonders Klein- und Mittelbetriebe, die bisher einschichtig gearbeitet haben, können damit einen bislang bestehenden Wettbewerbsnachteil gegenüber der schon lange in Schicht arbeitenden Großindustrie kompensieren.

Auch wenn es manchmal im Kampfgetöse der Tarifrituale untergeht – es gibt durchaus Anzeichen für entsprechende Lösungsansätze bei den Tarifparteien. Die bereits vereinbarten Beschäftigungsicherungsverträge in der Metallindustrie und anderen Branchen zeigen das. Aber die Möglichkeiten für flächendeckende, verallgemeinerbare Strategien, die über punktuelle Beschäftigungssicherung hinausgehen, sind so lange beschränkt, wie die Arbeitszeitpolitik unmittelbar in den Verteilungskonflikt der Tarifparteien einbezogen ist. Deshalb müssen wir überlegen, was die Politik zur Entschärfung dieses Verteilungskonflikts beitragen kann. Zur Zeit finanzieren wir die »Vollzeit-Arbeitslosigkeit« einer wachsenden, vom Arbeitsmarkt ausgegrenzten Minderheit durch Lohnersatzleistungen und andere Zuwendungen. Ist es nicht besser, mit diesem Geld Arbeitszeitverkürzungen und zeitweilige Freistellungen für alle Beschäftigten zu flankieren und dadurch das mit der Arbeitsumverteilung verbundene Einkommensrisiko für die Beschäftigten deutlich zu mindern?

Warum mußte zum Beispiel den Kindergärtnerinnen der ostdeutschen Kleinstadt Coswig das »Rotationsmodell« verboten werden, das sie sich Anfang der neunziger Jahre im Einvernehmen mit der Stadtverwaltung ausgedacht hatten? Sie wollten überschlägig zwei Jahre lang arbeiten und dann ein Jahr freinehmen, um niemanden in die Dauerarbeitslosigkeit schicken zu müssen. Die Bundesanstalt für Arbeit hat dieses Modell – nach den bestehenden Bestimmungen wohl zu Recht – nicht zugelassen. Da liegt die Frage nahe, ob die Idee der Kindergärtnerinnen nicht problemgerechter ist als die Bestimmungen der Bundesanstalt. Denn die Kosten entstehen auf jeden Fall, zunächst beim Arbeitslosengeld, dann bei der Arbeitslosenhilfe, bei der Sozialhilfe, beim Wohngeld und so weiter. Sie entstehen am Schluß dieser Kette nur nicht mehr beim Arbeitsamt, sondern bei der Kommune. Und da sollen sie nach dem Willen Bonns offenbar auch hin.

In Skandinavien und den Niederlanden ist man inzwischen zu anderen Schlüssen gekommen und hat gesetzliche Möglichkeiten geschaffen, um Job-Rotation, zeitweilige und teilweise Freistellungen oder Teilreduzierungen durch Lohnersatzleistungen abzustützen. Das dänische Urlaubsgesetz räumt den Tarifparteien sogar die Möglichkeit ein, derartige Regelungen auf Betriebs- oder Branchenebene tariflich zu verallgemeinern und ihnen dadurch eine größere Breitenwirkung zu verschaffen. Dies führt zu zählbaren Erfolgen auf dem Arbeitsmarkt und verschafft den bisher schon Beschäftigten bei nur geringen Einkommenseinbußen einen erheblichen Zuwachs an frei verfügbarer Zeit – also zu dem, was die Dänen »Zeitwohlstand« nennen.

Der Staat kann den Betrieben und den Tarifparteien nicht vorschreiben, wie sie für mehr Beschäftigung sorgen können. Das ist gut so und ergibt sich aus der verfassungsrechtlich geschützten Tarifautonomie. Aber der Staat kann sehr wohl die Rahmenbedingungen für das Verhalten der Tarifparteien so gestalten, daß sie über die reine Beschäftigungssicherung hinaus in eigener Verantwortung für mehr Beschäftigung sorgen können (KEMPE 1995). Die Vorteile liegen auf beiden Seiten: Die Beschäftigten müßten weniger Angst um Arbeitsplatz und Einkommen haben; die Unternehmen könnten je nach vorhandenen Rationalisierungsmöglichkeiten ihre Lohnkosten senken und gleichzeitig deutlich größere Flexibilisierungspotentiale ausschöpfen.

Für einen neuen »Gesellschaftsvertrag«

Wir brauchen in der Tat einen neuen Sozialkontrakt, eine Neudefinition des sozialstaatlichen »Modells Deutschland«, durch den der Anspruch der Menschen auf existenzsichernde Arbeit, die bürgerlichen Tugenden des sozialen Engagements und das Interesse der Unternehmen an flexiblen und kostensparenden Arbeitsprozessen zusammengeführt werden. Davon würden letztlich auch die öffentliche Hand und die Sozialversicherungsträger profitieren. Denn die beste Haushaltssanierung, die beste Maßnahme gegen die Finanznot der Sozialversicherungen ist der rasche und deutliche Abbau der hohen Arbeitslosigkeit.

Abgesehen von solchem Nutzenkalkül: Wir werden eine Umorientierung der Politik nur bekommen, wenn sich in der Gesellschaft eine Mehrheit bildet, die sich mit der anhaltenden Massenarbeitslosigkeit und dem daraus erwachsenden Elend nicht länger abfinden will – und die bereit ist, das Prinzip Verantwortung (Hans Jonas) zu übernehmen und mit Leben zu füllen. Noch können wir umsteuern. Aber je länger wir warten, je länger die Arbeitslosigkeit mit all ihren seelischen und sozialen Auswirkungen auf die Betroffenen, mit ihren Folgekosten für die Gesellschaft untätig hingenommen wird, desto schwerer werden die Probleme zu lösen sein.

Schon heute hat die Zahl der registrierten Langzeitarbeitslosen in Deutschland die Millionengrenze überschritten. Menschen ab 45 zählen – einmal entlassen – schnell zum »alten Eisen« und werden von den Betrieben oft erbarmungslos ausgemustert. Jugendliche ohne Schulabschluß und Ausbildung haben geringe Chancen, auf dem formellen Arbeitsmarkt Fuß zu fassen. Und die vorhandenen Qualifikationen der Arbeitnehmer werden um so gründlicher zerstört, je länger die Arbeitslosigkeit dauert.

Wenn die Menschen erst einmal materiell und als Folge davon auch psychisch verelendet sind, können sie kaum mehr den Willen und die Fähigkeit zu regulärer Erwerbsarbeit aufbringen. Dann wird es auch für eine veränderte, auf Reintegration angelegte Politik immer schwerer und kostspieliger, ihnen auf ihrem Weg aus dem gesellschaftlichen Abseits stützend unter die Arme zu greifen. Wer aber nicht will, daß sich Kinder vor Suppenküchen in die Schlange stellen müssen, wer nicht will, daß obdachlos gewordene Familien in Containerdörfer gesteckt werden, wer noch ein Gefühl für die Erniedrigung der Menschen durch Ausgrenzung und Armut hat, wird auch neue und unkonventionelle Wege zur Überwindung der Massenarbeitslosigkeit beschreiten müssen.

Wir sollten eine produktive Wirtschaft und eine soziale Gesellschaft nicht – wie die Neoliberalen – als

Gegensatz, sondern als Ergänzung begreifen. Wir brauchen möglichst viele neue Arbeitsplätze in einer leistungsorientierten und konkurrenzfähigen Wirtschaft, und wir brauchen gleichzeitig zusätzliche, gesellschaftlich nützliche Arbeit in einem neu auf- und auszubauenden gemeinwirtschaftlichen Sektor. Niemand kann genau voraussagen, welche Arbeitswelt wir in zwanzig Jahren oder später haben werden. Aber wir müssen den Wandel jetzt gestalten, anstatt uns von Krise und Globalisierungsangst lähmen zu lassen. Vielleicht werden sich die Menschen im Jahr 2015 kopfschüttelnd an die Ratlosigkeit der achtziger und neunziger Jahre des ausgehenden Jahrtausends zurückerinnern und sich fragen: Warum hat es eigentlich so lange gedauert, bis ernsthaft Alternativen zur bestehenden, aber längst brüchigen Arbeitswelt der Nachkriegszeit entwickelt wurden?

Vom alten Sozialstaat zur aktiven Bürgergesellschaft

Der Schlüssel für die notwendige Reform des Sozialstaats liegt in einer Neuorganisation der Erwerbsarbeit im Lebenszusammenhang. Wenn es uns gelingt, der um sich greifenden sozialen Ausgrenzung entgegenzusteuern und allen arbeitsfähigen Menschen wieder Zugang zu eigenverantwortlicher Existenzsicherung zu verschaffen, wenn es uns gelingt, neue

Strukturen der Selbsthilfe und des sozialen Engagements zu entwickeln, können wir viele Elemente des Sozialstaats, deren Kosten uns heute Probleme bereiten, wieder auf ihre ursprüngliche Aufgabe zurückführen: nämlich die Krisenintervention in solchen Notfällen, die der einzelne aus eigener Kraft nicht bewältigen kann.

Der Sozialstaat, so wie er nach dem Krieg in Deutschland aufgebaut wurde, ist immer noch ein Fürsorgestaat, der in allen nur erdenklichen Fällen mit materieller Hilfe einspringt. Das war notwendig und ist als Folge des totalen Zusammenbruchs nach dem von den Deutschen über Europa gebrachten Krieg und Elend die richtige Antwort gewesen. Der Sozialstaat der Zukunft aber darf nicht mehr nur fördern, er muß auch etwas von den Bürgern fordern. Im Jahre 1994 wurden 1106 Milliarden Mark für soziale Leistungen ausgegeben, das sind 13590 Mark pro Kopf der Bevölkerung. Damit liegt Deutschland in absoluten Zahlen weit vorn, im Verhältnis zur wirtschaftlichen Leistungsfähigkeit aber im Mittelfeld der EU-Staaten. Trotz dieser gewaltigen Summen ist soziale Sicherheit im klassischen Sinne für Millionen Menschen nicht mehr gewährleistet. Während der Staat an seine Finanzierungsgrenze stößt, kommt bei den wirklich Bedürftigen zuwenig an.

Der Sozialstaat der Zukunft braucht daher nicht mehr Geld, sondern vor allem mehr Effizienz und ein größeres bürgerliches Engagement. Soziale Effizienz aber heißt:

- Hilfe muß dort ankommen, wo sie wirklich benötigt wird. Steuerprivilegien sind geschenktes Geld, das von der Allgemeinheit aufgebracht wird. Aber viele Steuerprivilegien sind nicht notwendige Hilfe, sondern ungerechtfertigte Köder für Begüterte. Da muß durchgeforstet werden. Aber auch Transferleistungen müssen auf ihre Zielgenauigkeit überprüft werden. Es gibt viele Anzeichen dafür, daß manches Geld bei denen ankommt, die es nicht brauchen, während die Schwächsten leer ausgehen. Das muß korrigiert werden. Es ist besser, unverheiratete Eltern steuerlich zu begünstigen, als gutverdienenden kinderlosen Ehepaaren über das Ehegatten-Splitting Vorteile zu gewähren. Es darf gefragt werden, ob das Kindergeld für gutverdienende Mittelschichtler als soziale Grundsicherung für die wirklich Bedürftigen nicht besser angelegt wäre.
- Hilfe muß wirksam sein. Am wirksamsten ist Hilfe, die die Ursachen sozialer Not bekämpft und die Menschen befähigt, sich selbst zu helfen. Insofern sind eine aktive Arbeitsmarktpolitik und der Ausbau einer haupt- und ehrenamtlichen Selbsthilfe-Infrastruktur die beste Sozialpolitik. Ein Staat, der sich sozial nennt, muß allen seinen Bürgerinnen und Bürgern eine menschenwürdige Existenz ermöglichen. Aber diese Gesellschaft wäre nicht mehr frei, wenn die Menschen keine Verantwortung für sich selbst trügen. Und sie wäre nicht human, wenn niemand mehr Verantwortung auch für andere übernähme.

In einer Gesellschaft wie der deutschen, die stark von organisierten Interessen geprägt ist, finden oft jene Anliegen keine hinreichende Beachtung, die unorganisiert sind oder sich kein öffentliches Gehör verschaffen können. Dabei geht es meist um elementare Lebensbedürfnisse: Arbeitslose brauchen am dringendsten eine Arbeit, Obdachlose brauchen zunächst eine Wohnung, alleinerziehende Mütter und Familien mit vielen Kindern leben vielfach am Rande des Existenzminimums, Jugendliche brauchen einen Ausbildungsplatz, und viele, die sozial gefährdet sind, brauchen ihnen gemäße Integrationsangebote. Und dann gibt es die Einzelfälle, in denen Menschen »durch die Maschen fallen«, obwohl doch ein Netz gespannt ist.

Ich erhalte häufig Briefe, in denen tragische Schicksale erzählt werden. Für alle diese Probleme gibt es keine Patentlösungen, sehr wohl aber Einzellösungen. Es kann dabei sicher nicht darum gehen, ausschließlich nach dem Staat zu rufen oder auf seiten der Verwaltung abwehrend auf die bestehende Gesetzeslage zu verweisen, in der gerade dieser oder jener Sonderfall nicht vorgesehen ist.

Der Sozialstaat – einschließlich der Umverteilung von den Starken zu den Schwachen – ist unverzichtbar. Es ist ein Skandal, daß die Bundesregierung bei der Arbeitslosenhilfe kürzt und gleichzeitig die Reichen durch Abschaffung der Vermögenssteuer entlastet. Aber wir brauchen nicht nur die institutionalisierte Solidarität über Finanzamt und AOK (die wir zur Zeit vor Angriffen aus der konservativ-liberalen Ecke schützen müssen). Wir brauchen auch das ehrenamtliche Engagement des einzelnen in Verbänden, Vereinen und Institutionen. Allein in Schleswig-Holstein werden nach einer Untersuchung des Frauenministeriums rund 123 Millionen Stunden jährlich von 400 000 Menschen ehrenamtlich geleistet. Dies ist auch eine Form des gesellschaftlichen Wohlstands, eines Reichtums an Hilfsbereitschaft und Engagement, die wir unterstützen und vor allem weiterentwickeln müssen.

Eine zivile, humane Gesellschaft, eine Bürgergesellschaft, erfordert einen neuen, konstruktiven Gemeinsinn und lebendige, praktizierte Hilfsbereitschaft. Solche Bürgertugenden gibt es noch, aber sie sind häufig verschüttet. Hier können die Deutschen zweifellos von den angelsächsischen Gesellschaften einiges lernen, die zwar den Sozialstaat deutscher Prägung nicht kennen, statt dessen aber – oder vielleicht gerade deswegen – Bürgertugenden kultiviert haben, in denen liberale Freiheiten und soziales Engagement zusammengeführt werden. Vor diesem Hintergrund sehe ich vier wichtige Ansatzpunkte für eine Reform des Sozialstaates:

Erstens: Wir brauchen eine Neubestimmung der Erwerbsarbeit im Gesamtzusammenhang des Lebens, durch die den Ausgrenzungs- und Verelendungsprozessen durch steigende Arbeitslosigkeit entgegengewirkt und der Anspruch auf existenzsichernde Erwerbsarbeit durchgesetzt wird.

Zweitens: Wir müssen auf jede nur erdenkliche Art und Weise das soziale Engagement der Bürgerinnen und Bürger fördern, durch steuerliche, arbeitsrechtliche und auch moralische Anreize, durch Förderung und Aufwertung ehrenamtlicher Arbeit in Verbänden, Vereinen und Selbsthilfegruppen. Früher hatten Sozialdemokraten meist nur nach dem Staat gerufen, um die Ärmsten der Armen mit billigen Nahrungsmitteln und Obdach zu versorgen. Heute geht es eher darum, das selbsttätige gesellschaftliche Engagement von Bürgerinnen und Bürgern durch unterstützende Strukturen stärker abzusichern. Ich bewundere die Mitglieder der »Kieler Tafel«, um nur ein Beispiel zu nennen, die auf eigene Initiative bei Restaurants und in Geschäften Lebensmittel einsammeln und an Bedürftige verteilen.

Drittens: Natürlich müssen wir vorhandenen Mißbrauch sozialer Leistungen bekämpfen, ohne allerdings in die Mißbrauchsdemagogie zu verfallen, mit der die Bundesregierung allzuoft ihre unsoziale Politik zu rechtfertigen sucht. Es gibt unsinnige Regelungen, die dem Vorschub leisten. Beschäftigten und Empfängern von Arbeitslosengeld werden Arbeitsplätze – oft minderer Qualität – in hundert Kilometer Entfernung (und mehr) zugemutet. Aber wir haben Bauchgrimmen, einen Sozialhilfeempfänger zu Dienstleistungen im gemeinnützigen Sektor zu verpflichten. Solche unsinnigen Bestimmungen haben zu Verärgerung geführt und müssen geändert werden. Einem millionenschweren Selbständigen darf es nicht länger erlaubt sein, das privat genutzte Auto steuerlich hoch abzuschreiben und sich ganz legal um seinen Anteil an der Finanzierung des Sozialsystems zu drücken. Niemand hat das Recht, Mißbrauch zu betreiben, weder der Sozialhilfeempfänger noch der Millionär.

Viertens: Wir brauchen eine schonungslose Analyse bürokratischer Abläufe. Es geht zum Beispiel nicht an, daß rund 34 Prozent der Aufwendungen für Wohngeld nicht bei den Wohngeldbeziehern ankommen, sondern in der Bürokratie hängenbleiben. Auch in der Sozialbürokratie müssen wir den Schritt von der obrigkeitlichen Bewilligungs- und Kontrollmentalität zum Dienstleistungsbewußtsein vollziehen. Dies kann zum Beispiel durch Übertragung sozialer Dienstleistungen an Sozialbetriebe und Projekte des zu entwickelnden gemeinnützigen »dritten Sektors« gefördert werden. Die Kommunen haben ein elementares Interesse daran, ihre Sozialhilfekosten zu senken, also Arbeitslosigkeit in ihrem Einzugsbereich zu verringern. Ein großer Teil der kommunalen Sozialhilfegelder kann in Arbeitsmarktprojekte im Bereich sozialer Dienstleistungen eingebracht werden.

Der Sozialstaat der Zukunft wird auf einer engagierten Bürgergesellschaft aufbauen, oder er wird nicht existieren. Der traditionelle Sozialstaat hat seine Verdienste, aber er ist weder inhaltlich zukunftsfähig noch auf Dauer finanzierbar. Er löst die Probleme der Menschen nicht, sondern deckt soziale Notlagen mit Geld zu. Schon heute funktioniert das nicht mehr. Immer mehr Menschen sind in existentieller Not, obwohl wir ein weitgespanntes soziales Netz mit viel Geld unterhalten.

Wir brauchen andere Finanzierungs-, aber auch andere Zuteilungs- und Beteiligungsmechanismen. Die Bürgerinnen und Bürger müssen aus der passiven Rolle des Wartens auf den Arbeitgeber auf der einen und den helfenden Staat auf der anderen Seite heraus und sich auf ihre Tugenden besinnen. »Die Gesellschaft muß wieder lernen, selbst aktiv zur Entwicklung beizutragen«, schreibt die »grüne« Bundestagsabgeordnete Franziska Eichstädt-Bohlig in einem Diskussionspapier (EICHSTÄDT-BOHLIG 1994). In der Tat, so ist es, so muß es sein. Soziale Demokratie ist nicht allein Sache des Staates. Sie kann sich nicht entwikkeln, sich nicht veränderten Zeitumständen und sozialen Problemlagen anpassen, wenn sie nicht vom lebendigen Engagement möglichst vieler Bürgerinnen und Bürger getragen wird.

Politik kann nicht alles. Aber sie kann Strukturen verändern, Räume für soziale Aktivitäten schaffen und ausweiten, kurz: die Voraussetzungen verbessern, unter denen die Bürgergesellschaft ihre Probleme lösen kann. Wenn wir in Deutschland auch in Zukunft eine soziale und demokratische Entwicklung wollen, müssen wir heute die Weichen dafür stellen.

3. Kapitel
Der ökologisch-soziale Umbau

»Es stimmt etwas nicht,
die Erde wie ein Unternehmen
zu betrachten,
das sich in Liquidation befindet.«
Herman E. Daly

Seit ich Anfang der siebziger Jahre in Japan die Menschen mit ihren rot-verfärbten Haaren gesehen habe, braucht mich niemand mehr von der Notwendigkeit einer ökologisch verträglichen ökonomischen Entwicklung zu überzeugen. Mein Mann und ich haben von 1970 bis 1972 in Tokio gelebt und mit eigenen Augen beobachtet, was dieses damals versmogte, vergiftete, verbleite Land den Menschen antat. Damals war über Japan gerade der Gründungsboom hereingebrochen – mit zweistelligen Wachstumsraten und katastrophalen Folgen für die Umwelt. Es gab eine bestimmte Mischung von Luftschadstoffen, die in der Sommerhitze chemisch so reagierten, daß die schwarzen Haare der Japaner auf groteske Weise in einen Karottenton übergingen. Die Flüsse haben gestunken, daß man sich die Nase zuhalten mußte. Die Menschen in den Industriegebieten gingen mit Atemschutzmasken zur Arbeit, an Kreuzungen gab es »Sauerstoff-

Duschen«. Ich habe Menschen mit der sogenannten »Aua-Aua-Krankheit« erlebt, die dadurch entstand, daß die Abwässer einer Bleifabrik ungeklärt in die Reisfelder geleitet wurden. Die Krankheit hieß deswegen »Aua-Aua-Krankheit«, weil die Knochen und Gelenke der Menschen durch die Bleivergiftung auf unendlich schmerzhafte Weise schrumpften. Die Menschen sind tatsächlich kleiner geworden.

Wer solche katastrophalen Folgen umweltschädigenden Wirtschaftswachstums gesehen hat, kann nicht länger einer schlichten Wachstumsideologie in einer ökologisch begrenzten Welt anhängen. So schlimm ist es in Deutschland glücklicherweise nie gewesen. Auch in Japan hat sich viel getan. Mein Mann und ich haben darüber geschrieben (SIMONIS/SIMONIS 1974). Das Land hat heute, nicht zuletzt aufgrund seiner leidvollen Erfahrungen in der Vergangenheit, zum Teil vorbildliche Umweltgesetze und Umwelttechniken, von denen wir in Europa viel lernen können. Als wir 1972 nach Deutschland zurückkamen, war hier von Ökologie noch kaum die Rede. Aber es wurde über den von Erhard Eppler geprägten Begriff »Lebensqualität« diskutiert. Die Gewerkschaften forderten die »Humanisierung der Arbeit«, und Willy Brandt hatte mit dem Slogan vom »blauen Himmel über der Ruhr« Wahlkampf gemacht. Es gab bereits ein ökologisches Bewußtsein, aber noch ohne den öffentlichen Druck einer fordernden Ökologiebewegung.

Ich habe auch zu den ersten Kritikerinnen der Kernenergie gehört. Als die alte Tante SPD mehrheitlich noch voll auf die angeblich so saubere Kernenergie setzte, habe ich bereits in den Anti-Kernkraft-Arbeitsgruppen der schleswig-holsteinischen SPD mitgearbeitet. Die Sozialdemokraten in Schleswig-Holstein, damals mit dem unvergessenen Vorsitzenden Jochen Steffen, haben sich früher als die Bundespartei ein ökologisches Profil erarbeitet. Mein Mann und ich haben uns nach unserer Rückkehr aus dem Ausland zu »ökologischen Ökonomen« entwickelt – mit unterschiedlichen Akzenten: Während er der »Ökologe« geworden ist, bin ich eher die »Ökonomin« geblieben.

Ich erwähne diesen persönlichen Hintergrund, um zu zeigen, wie sinnlos alle Versuche sind, Menschen in eine Schublade mit vorgefaßten Meinungen zu stecken. Im Wahlkampf wurde zum Beispiel behauptet, ich hätte für Ökologie nichts übrig. Ich bin nicht erst 1996 mit der Bildung der rot-grünen Landesregierung in Schleswig-Holstein zu einer Verfechterin des Ausstiegs aus der Kernenergie geworden, sondern war dies schon seit langem, freilich ohne das andauernd plakativ und beifallheischend vor mir herzutragen.

Mir geht allerdings die bei manchen Naturfreunden verbreitete Verabsolutierung des Naturschutzgedankens ziemlich auf den Wecker. Auch ökologischer Fundamentalismus ist mir zuwider. Der Mensch taucht dabei lediglich als Verursacher von Umweltzerstörungen auf, als wenn es das beste wäre, er zöge sich von diesem Erdball zurück. Natürlich kommen Pflanzen, Tiere, Luft und Wasser ohne die Menschen aus. Umgekehrt gilt das nicht. Also muß ich mir doch – um der Menschen willen! – Gedanken über umweltverträgliches Wirtschaften machen. Mich stört auch das Un- und Antigesellschaftliche, das bei manchen Naturschützern in Deutschland zuweilen sogar Affinitäten zu »Blut und Boden«-Ideologien hat. Daß auf deutscher Ackerkrume kein Atomkraftwerk, sondern nur deutsches Korn wachsen soll, ging vor ein paar Jahren einigen Sprechern dieser Richtung gerade in Schleswig-Holstein ganz flott über die Lippen. Da wende ich mich mit Grausen ab, muß aber auch anerkennen, daß dies Ausnahmen sind. Die große Mehrheit der engagierten Ökologen in Bürgerinitiativen, Verbänden und Parteien hat mit dieser Ideologie nichts am Hut.

Der Mensch lebt nicht vom Biotop allein

Auch wenn prinzipiell das Engagement der Bürgerinitiativen hoch zu achten ist, kann ich mich über eine manchmal anzutreffende unpolitische Attitüde erregen, die das Biotop vor der eigenen Haustür zum Mittelpunkt der Welt stilisiert. Der Mensch lebt aber nicht vom Biotop allein. Wir müssen Politik im Gesamtzusammenhang von Wirtschaft, Gesellschaft und Ökologie machen. Dazu gehören auch die sozialen Probleme der Menschen, ihre Angst um den Arbeitsplatz, ihr Bedürfnis nach Mobilität, nach gesichertem Wohlstand, nach körperlicher und gesundheitlicher Integrität und vieles mehr. Auch Umweltpolitik können wir nicht gegen die Menschen machen, sondern nur mit ihnen. Wenn wir ihnen nur sagen, worauf sie gefälligst verzichten sollen – auf Wohlstand, Bequemlichkeit, auf bestimmte Produkte und Produktionsverfahren, auf Auto und Flugzeug –, werden wir sie kaum begeistern können.

Wir müssen schon etwas Positives anbieten und das Projekt eines ökologischen Umbaus der Industriegesellschaft mit der Perspektive eines besseren Lebens verbinden. Wir müssen die ökologischen, sozialen und wirtschaftlichen Interessen der Menschen zusammenführen, weil sie zusammengehören. Nur dann werden wir erfolgreich ökologisch umsteuern können. Nur dann können wir zukunftsfähig werden. Deshalb rede ich nie nur über Ökologie, sondern immer auch über Arbeitsplätze und soziale Gerechtigkeit. Ökologische, soziale und ökonomische Ziele stehen allerdings in einem spannungsreichen Verhältnis zueinander – deshalb spricht man auch zu Recht von einem »magischen Dreieck« zukunftsfähiger Entwicklung.

So ist es zum Beispiel wichtig, den Nationalpark Wattenmeer zu erweitern, selbst wenn einige – etwa wegen der damit verbundenen Einschränkungen der Muschelfischerei – eine ökonomische Beeinträchtigung der Küstenregion befürchten. Der Erhalt dieses weltweit einmaligen Öko-Systems ist für die vom

Tourismus geprägte schleswig-holsteinische Nordseeküste ein Wirtschaftsfaktor erster Güte. Es geht bei dem Konflikt um den Nationalpark Wattenmeer also nicht um ideologischen »Ökismus«, wie es auf Transparenten hieß, sondern darum, wie in Zukunft der notwendige Schutz ökologischer Systeme mit dem Interesse an deren wirtschaftlicher Nutzung besser zusammengeführt werden kann. Bei dieser diffizilen Abwägung sind Eier auch dann keine Argumente, wenn sie einem grünen Umweltminister an den Kopf geworfen werden. Menschen sollen und wollen in dieser Region leben, arbeiten *und* eine gesunde Umwelt genießen können.

Natürlich müssen Bürgerinitiativen stören und öffentliche Aufmerksamkeit erregen, sonst kommen sie zu nichts. In Fragen des Umweltschutzes haben sie sich teilweise ein Spezialwissen und eine hohe Fachkompetenz erarbeitet. Inzwischen vertreten sie ihre Anliegen professioneller als noch vor zehn, fünfzehn Jahren – und mit zum Teil besseren Argumenten als ihre politischen Gegner. Sie wissen sehr genau, wie sie die Öffentlichkeit für ihr Anliegen einspannen und Druck erzeugen können. Auf der anderen Seite neigen Bürgerinitiativen gelegentlich – und vielleicht auch verständlicherweise – zur Kirchturmperspektive. Aber irgendwo muß die Mülldeponie hin, solange die ökologische Kreislaufwirtschaft noch nicht voll realisiert ist. Und so verständlich die Forderung von besorgten Eltern nach kleinen Klassen sein mag: Nicht alles ist finanzierbar. Unsere Kinder haben auch einen Anspruch darauf, in Zukunft nicht von dem Schuldenberg, den wir heute aufhäufen, erdrückt zu werden. Dieses Interesse aber müssen Erwachsene für sie wahrnehmen.

Politikerinnen und Politiker werden zu Bürgerinitiativen immer ein gespanntes Verhältnis haben – und umgekehrt. Ich nehme mich da nicht aus. Ich ärgere mich, wenn die Initiativen mir penetrant auf die Pelle rücken und keinerlei Verständnis dafür aufbringen, daß ich auch noch andere Probleme auf meinem Schreibtisch habe und mich nicht nur um ihr spezielles Anliegen kümmern kann. Sicher wirken Politikerinnen und Politiker gegenüber den Anliegen der Bürgerinitiativen oft unsensibel. Aber auch sie können sich nicht über Gesetze und wohlbegründete Zuständigkeiten hinwegsetzen. Sie – und ich wünschte mir: nicht nur sie, sondern alle denkenden Staatsbürger – müssen zwischen den unterschiedlichen beteiligten Interessen abwägen. Und am Ende müssen sie entscheiden, was machbar ist und was nicht. Das sollten sie dann aber auch offen vertreten.

Ökologischer Umbau: eine Notwendigkeit

Der ökologische Umbau der Industriegesellschaft ist eine Überlebensfrage für die Menschheit. Das hebt ihn vor anderen politischen Aufgaben hervor. Aber nicht jede einzelne ökologische Maßnahme ist auch eine Überlebensfrage, sondern jeweils im Gesamtzusammenhang der ökonomischen und gesellschaftlichen Entwicklung zu betrachten. Entscheidend ist die Umstellung der wirtschaftlich relevanten Parameter in Richtung auf eine ökologisch nachhaltige Entwicklung. Wir werden die ökologische Krise nur überwinden, wenn wir unsere Wirtschaftsweise als ganze neu ausrichten. Denn wirtschaftliches Wohlergehen und Erhalt der Lebensgrundlagen bedingen sich langfristig gegenseitig.

Die Umweltpolitik der derzeitigen Bonner Koalition ist eine Politik gegen und ohne die Umwelt. Sie folgt der Devise: Die Ökologie in der ökonomischen Krise vergessen, alle Macht dem ökologisch und sozial deregulierten Markt! Anstatt die Wirtschaft auf eine Überwindung der ökologischen Krise hin zu orientieren, sprengt sie den inneren Zusammenhang von Ökonomie und Ökologie zu Lasten der Umwelt auseinander – und verhält sich damit getreu dem Brechtschen Motto: »Und sie sägten an den Ästen, auf denen sie saßen – und schrieen sich zu ihre Erfahrungen, wie man schneller sägen könne …«

Vor allem die Industrieländer sägen mit ihrer verschwenderischen Wirtschaftsweise kräftig an den Ästen, auf denen sie sitzen. In den Ländern Europas und Nordamerikas leben nur 13 Prozent der Weltbevölkerung, aber ihr Anteil am gesamten Energieverbrauch beträgt 50 Prozent. In Afrika leben zwölf Prozent der Menschheit, aber sie verbrauchen nur 2,7 Prozent der Weltenergie. Oder wie es der Physiker

Hans-Peter Dürr in einem Aufsatz ausdrückt: Wir lassen viel zu viele »rücksichtslose Energie-Sklaven« für uns arbeiten – rücksichtslos deshalb, weil der Einsatz von fossiler und atomarer Energie zwar die Leistungsfähigkeit der Wirtschaft steigert, aber gleichzeitig mit ökologischen Belastungen und Zerstörungen verbunden ist, deren Folgekosten nicht in die einzelwirtschaftliche Kalkulation eingehen (Dürr 1996).

Der gegenwärtige Welt-Energie-Verbrauch beträgt rund 13 Terawatt. Davon stammen 82 Prozent aus nicht erneuerbaren Energieträgern. Tatsächlich aber liegt, so Dürr, die ökologische Tragfähigkeit der Erde bei rund neun Terawatt. Schon heute überschreiten wir die Belastbarkeit der Erde also um 30 Prozent – um wieviel mehr wird diese Grenze überschritten, wenn China, Indien und andere große Entwicklungsländer ihr erklärtes Ziel erreichen und zum amerikanischen oder europäischen Niveau aufschließen? Es ist müßig, wieder und wieder die katastrophalen Folgen zu beschwören. Wenn wir ehrlich sind, müssen wir zugeben, daß wir sie kennen. Wir müssen unsere energieaufwendige Lebens- und Wirtschaftsweise radikal ändern, schnell ändern, wenn wir auf der Erde überleben und den aufstrebenden Ländern des Südens ein verantwortbares Entwicklungsmodell anbieten wollen.

Die Deutschen könnten zum Beispiel ihren Energieverbrauch mittelfristig auf ein Viertel senken. Dies ist keine weltferne Utopie. Es ist durchaus möglich: Eine effizientere Nutzung der Energie kann relativ schnell zu einer Halbierung des Verbrauchs führen. Die andere Halbierung könnte, so Dürr, durch den Einsatz »rücksichtsvoller Energie-Sklaven«, also durch Sonnen-, Wind- und andere regenerative Energien, erreicht werden. Wir haben in Schleswig-Holstein bereits einige Schritte in diese Richtung getan.

Angesichts der rasch wachsenden Erkenntnisse über die ökonomisch-ökologischen Zusammenhänge kann sich niemand, auch nicht die Bundesregierung, auf Unwissenheit hinausreden. Die Folgen der andauernden Untätigkeit werden in immer neuen wissenschaftlichen Untersuchungen präzise vermessen:

- Der Kohlendioxidgehalt der Erdatmosphäre ist in 200 Jahren Industrialisierung um ein Viertel angestiegen – und steigt weiter an.
- Die Gletschermasse der Alpen ist in den vergangenen 150 Jahren zur Hälfte abgeschmolzen – und schmilzt weiter.
- Die Schneebedeckung der Nordhemisphäre ist in den vergangenen zwanzig Jahren um acht Prozent zurückgegangen – und geht weiter zurück.
- In Deutschland ist nur noch ein Drittel des Baumbestandes intakt – wer weiß, wie lange noch.
- Jeder weiß heute, daß Ozonloch und Treibhauseffekt das gesamte Erdsystem bedrohen. Nun senken wir den Schadstoffausstoß des einzelnen Pkw per Katalysator. Aber die Belastung steigt insgesamt weiter, weil die Motorisierung zunimmt und der Einstieg in die Solarwirtschaft behindert wird.
- Chemische Produkte sollen unsere Nahrungspflan-

zen schützen – vergiften aber das Grundwasser, das wir trinken.

Das sind nur einige der Auswirkungen unserer Art des Wirtschaftens. Wir haben dabei noch nicht über den Anstieg der Atemwegserkrankungen, von Hautkrebs und Allergien – besonders bei Kindern – gesprochen. Wir kennen und nennen nur Statistiken. Wir haben noch nichts zu den Leukämie-Erkrankungen in der Nähe des schleswig-holsteinischen Kernkraftwerks Krümmel gesagt. Die Zeichen ökologischer Selbstzerstörung sind mehr als deutlich. Und doch lassen wir, das heißt vor allem eine untätige Bundesregierung, den Wirtschaftszug nach wie vor in die falsche Richtung laufen:

– 45 Prozent unseres Primärenergie-Einsatzes könnten nach Feststellung der Klima-Enquetekommission schon heute eingespart werden, wenn der Stand der Technik konsequent angewendet würde. Aber wir tun es nicht, weil es sich wirtschaftlich angeblich »nicht lohnt«.
– Die realen Treibstoffkosten haben sich von 1950 bis 1990 – entgegen einer in der Bevölkerung weitverbreiteten Ansicht – nicht erhöht, sondern halbiert. Und wir wundern uns, daß das Verkehrsaufkommen zunimmt und der Katalysator das Waldsterben nicht gestoppt hat.
– Wir subventionieren die Verbrennung von Kerosin in der Luftfahrt und von Dieselkraftstoff in der Landwirtschaft mit rund dreieinhalb Milliarden Mark jährlich, obwohl längst klar ist, daß da-

mit massenweise krebserzeugende Stoffe freigesetzt werden.
- Der wohlmeinende Arbeitgeber, der seinen Beschäftigten Jobtickets aushändigt, muß dafür Steuern bezahlen. Wenn er statt dessen Parkplätze für ihre Autos baut, kann er das voll als Betriebskosten absetzen.

Diese Beispiele falscher Steuerungsanreize ließen sich fast beliebig verlängern. Die Wirtschaft läuft nicht zufällig in die falsche Richtung. Sie tut es deshalb, weil die Politik ihre Möglichkeiten nicht wahrnimmt, die Weichen anders zu stellen und die Rahmenbedingungen des Wirtschaftens so zu verändern, daß Ressourcenverbrauch und Umweltbelastung minimiert werden.

Das »ökonomische Grundgesetz« muß lauten: Es gibt langfristig keinen Gewinn auf Kosten der Umwelt. Es gibt keinen Wohlstand gegen die Natur. Ich habe als Studentin der Volkswirtschaftslehre in der Einführungsvorlesung noch zu hören bekommen, es gäbe sogenannte freie Güter. Luft, Wasser, sogar Holz könne man sich beliebig aneignen, weil diese Güter in beliebiger Menge vorhanden und deshalb keiner Sorge wert seien. Inzwischen haben wir begriffen, daß es keine freien Güter, keinen kostenlosen Naturverbrauch gibt. Aber die notwendigen Konsequenzen haben wir noch nicht gezogen. Auf der einen Seite verbrauchen wir immer noch in enormem Umfang nicht erneuerbare Ressourcen, und die relativen Spareffekte infolge verbesserter Effizienz werden durch das absolute Wirtschaftswachstum überkompensiert. Auf der anderen Seite setzt unsere Wirtschaftsweise schädliche Stoffe frei, die von der natürlichen Umwelt nicht mehr aufgenommen werden können.

Wir verbrauchen also immer noch das Kapital unserer Lebenswelt, statt von den Zinsen zu leben. Und angefeuert durch unser Beispiel eifern Millionen Menschen in Osteuropa und Milliarden in Asien diesem lebensbedrohenden Modell nach. Das kann nicht mehr lange gutgehen und muß deshalb anders werden: Der ökologische Umbau der Wirtschaft ist eine *Lebensnotwendigkeit.* Er muß höchste Priorität bekommen. Mehr noch: Nachhaltiges, umweltverträgliches Wirtschaften ist nicht etwas, das wir uns nur leisten sollten, wenn es uns gutgeht. Es kann und wird uns nur gutgehen, wenn wir umweltverträglich wirtschaften, wenn wir ökologische Vorsorge betreiben und nicht nur Reparatur; wenn wir mehr auf die Lebenschancen unserer Kinder und Kindeskinder achten, als eifersüchtig auf den eigenen Vorteil und das eigene Portemonnaie zu schielen.

Es ist gut, wenn wir den Müll getrennt sammeln und unsere Kinder dazu erziehen, keine Plastiktüten in den Wald zu werfen. Aber Appelle an das individuelle Verhalten reichen nicht aus. Denn sie verändern nicht die Mechanismen der industriellen Wirtschaftsweise. Den ökologischen Umbau der Industriegesellschaft muß der Staat herbeiführen. Der Staat muß die Bedingungen dafür schaffen, daß ökologisches Wirtschaften sich rechnet. Dabei sind marktwirtschaftliche Instrumente wie Steuern, Abgaben und Zertifikate für mich erste Wahl. Denn sie funktionieren sozusagen von selber. Sie erfordern den geringsten bürokratischen Aufwand im Vergleich zum Ordnungsrecht mit seinen detaillierten Vorschriften, die dann auch überwacht werden müssen. Marktwirtschaftliche Mechanismen mit hohen Preisen für unsinniges Verhalten und Einschränkungen für umweltschädigendes Tun versprechen auch den größten ökologischen Effekt, weil sie das Eigeninteresse der wirtschaftlich Handelnden aktivieren.

Keine Angst vor Öko-Steuern

Das zentrale Element für den Umbau der Wirtschaft ist eine ökologische Steuerreform. Sie muß die Preisrelationen richtigstellen, die zur Zeit völlig falsch liegen: Ressourcenverbrauch und Umweltbelastung müssen sich in den Betriebskosten niederschlagen. Energieverbrauch und dadurch verursachte Umweltschäden sind viel zu billig. Deshalb muß eine Steuer auf fossile und alle sonstigen Energien erhoben werden, die nicht erneuerbar sind. Diese Steuer sollte, um kalkulierbar zu sein, mittelfristig in vorausbestimmten Stufen und nach einem festgelegten Plan ansteigen. Nur dann ist sie nicht als einmalige Maßnahme für die Betriebe kompensierbar. Nur dann zwingt sie zu einem ständigen technischen und organisatorischen Optimierungs- und Erneuerungsprozeß.

Energie ist zu billig, Arbeit dagegen zu teuer. Ich bin deshalb für eine ökologische Steuerreform, die Energie verteuert und Arbeit entlastet. Während 1993 rund 62 Prozent des Steuer- und Abgabenaufkommens über Lohn- und Einkommenssteuern und Sozialabgaben aufgebracht wurden (1970 noch 45 Prozent), trugen Steuern auf den Faktor Kapital nur mit elf Prozent und Steuern auf Umweltverbrauch nur zu neun Prozent zum Gesamtaufkommen bei. Die Beiträge zu den Sozialversicherungen stiegen seit 1970 von 28 auf inzwischen über 40 Prozent. Die Arbeitskosten haben sich aufgrund der Belastung durch Lohnsteuer und Sozialversicherungsbeiträge seit 1970 um 40 Prozent erhöht. Dagegen ist der Steueranteil auf Umweltverbrauch um 22 Prozent und der auf Kapital sogar um 36 Prozent gesunken. Im internationalen Vergleich unter neun wichtigen Industrienationen hat der Standort Deutschland die zweithöchste Belastung der Arbeitseinkommen, die zweitniedrigste Besteuerung des Kapitals und die drittniedrigste Belastung des Umweltverbrauchs.

Diese Zahlen machen deutlich: Arbeitslosigkeit und Umweltverbrauch sind durch das derzeitige Steuer- und Abgabensystem mit verursacht. Sie sind nicht »naturnotwendig«. Es fehlen insbesondere die wirtschaftlichen Anreize zur Energie-Einsparung. Und die hohen Lohnnebenkosten auf Erwerbseinkommen begünstigen den Abbau bestehender Arbeitsplätze, anstatt den Aufbau neuer zu fördern. Wohlgemerkt: Es geht um zu hohe Lohnnebenkosten, nicht um zu hohe Löhne und Gehälter und schon gar nicht um die Nettoeinkommen. Seit 1990 ist die Kaufkraft der Einkommen in Deutschland um rund 4,5 Prozent zurückgegangen. Allein von 1990 bis 1992 ist die Zahl der Einkommensmillionäre um 40 Prozent gestiegen.

Eine ökologische Steuerreform, die den Energieverbrauch teurer und Arbeit billiger macht, ist eine intelligente Strategie, die beide Herausforderungen, Arbeitslosigkeit und Umweltverbrauch, gleichzeitig angeht. Notwendig ist ein schrittweiser Umbau des Steuersystems, der umweltschädliches Wirtschaften eindämmt und umweltverträgliches Wirtschaften fördert. Gleichzeitig müssen die Sozialversicherungen konsequent von versicherungsfremden Leistungen befreit werden. Das gilt besonders für die Arbeitsmarktpolitik (wie Umschulungen, Qualifizierungs- und Arbeitsbeschaffungsmaßnahmen). Die Bundesanstalt für Arbeit gibt inzwischen mehr als 35 Milliarden Mark, also etwa 40 Prozent ihres Etats, für Arbeitsmarktpolitik aus. Das ist an sich nicht schlecht. Aber mit einer Versicherung gegen Lohnausfall durch Arbeitslosigkeit hat das nicht viel zu tun. Der Beitragssatz ist durch notwendige, aber sachfremde Aufgaben auf 6,5 Prozent hochgetrieben worden.

Arbeitsmarktpolitik findet im allgemeinen gesellschaftlichen Interesse statt. Jeder und jede kann davon betroffen sein. Sie sollte deshalb nicht nur durch die Sozialpartner, sondern von allen steuerpflichtigen Bürgerinnen und Bürgern, also aus staatlichen Haushaltsmitteln finanziert werden. Auch die Rentenversicherung sollte von sachfremden Positionen befreit werden (u.a. Kriegsfolgelasten, Entschädigung von NS- oder SED-Unrecht, Kriegsdienst und Flucht). Schätzungsweise 33 Milliarden Mark könnten so bei den Rentenversicherungen, etwa elf Milliarden Mark bei den Krankenkassen eingespart werden.

Wenn die Arbeitskosten von den sachfremden Positionen entlastet werden, können die Sozialversicherungsbeiträge um mehrere Prozentpunkte sinken. Das kann bestehende Arbeitsplätze sichern und zugleich neue schaffen. Der Hebel dafür ist eine ökologische Steuerreform, die die Sozialversicherungsbeiträge senkt und über stetig steigende Energiepreise eine Erhöhung der Energieproduktivität auslöst. Niemand muß vor der Öko-Steuer Angst haben. Die Devise könnte lauten: Den Standort sichern durch niedrigere Arbeitskosten und höhere Energieeffizienz! Eine ökologische Steuerreform könnte nach Berechnungen des Deutschen Instituts für Wirtschaftsforschung rund 600000 zusätzliche Arbeitsplätze entstehen lassen (DIW 1994). Unser Nachbar Dänemark, der Ansätze einer ökologischen Steuerreform bereits praktiziert, hat damit gute Erfahrungen gemacht.

Vorschlag für ein anspruchsvolles Projekt

In der Steuerpolitik gibt es einen bekannten Spruch: Nur alte Steuern sind gute Steuern. Bereits bestehende Steuern und Abgaben betrachtet man meist als mehr oder weniger legitime Einnahmequellen des Staates, während jede neue Steuer zunächst einmal suspekt ist. Diese Reaktion hat sich auch bei der nicht immer sachlichen Diskussion um die Öko-Steuern bestätigt. Deshalb muß ein ökologisches Steuerkonzept anspruchsvolle Bedingungen erfüllen, um ein möglichst hohes Maß an Akzeptanz zu gewinnen:

- Ökologische Steuern dürfen nicht dem Stopfen von Haushaltslöchern dienen. Die Steuer- und Abgabenquote darf durch ökologische Steuern nicht weiter hochgeschraubt werden. Eine ökologische Steuerreform muß aufkommensneutral sein; und sie sollte ebenenneutral zwischen Bund, Ländern und Gemeinden sein.
- Ökologische Steuern sind Lenkungssteuern und keine willkommenen Einnahmen für zusätzliche Leistungen des Staates. Sie sind ein marktwirtschaftliches Instrument für den ökologischen Strukturwandel, der Innovations- und Investitionsimpulse für nachhaltiges, umweltverträgliches Wirtschaften auslösen soll. Dies könnte der deutschen Wirtschaft langfristige Wettbewerbsvorteile bei Energieeffizienz-Technologien verschaffen.
- Die Öko-Steuer muß kalkulierbar sein, das heißt, die Energiepreise müssen in vorab festgelegten Stufen langfristig angehoben werden, damit die Unternehmen Planungssicherheit haben.
- Steuertatbestände, die einem ökologischen Steuersystem widersprechen, gehören auf den Prüfstand und abgeschafft.

Die meisten der bisher vorgelegten Vorschläge mogeln sich an der Aufkommensneutralität vorbei. Die Grünen wollen beispielsweise bei einem Aufkommen von rund fünfzig Milliarden Mark im ersten Jahr einer Steuerreform gut die Hälfte für Förderprogramme im Energie- und Verkehrsbereich ausgeben, somit nur etwa die Hälfte erstatten. Das kann nicht funktionieren. Angesichts einer Steuer- und Abgabenquote von etwa 45 Prozent und einer Staatsquote von über 50 Prozent am Bruttosozialprodukt hat eine ökologische Steuerreform nur dann Aussicht auf Erfolg, wenn die gesamten zusätzlichen Einnahmen an Unternehmen und Haushalte zurückgegeben werden und vor allem die Verteilungswirkung nicht vernachlässigt wird.

Daran orientieren sich meine eigenen Vorstellungen einer ökologischen Steuerreform:

Jährliche Steigerung: Sämtliche nicht erneuerbaren Energieträger sowie im Kraftwerksbereich der Strom sollen erfaßt werden. Über einen Zeitraum von etwa fünfzehn Jahren sollen die Energiepreise – ausgehend von einem Basisenergiepreis von neun Mark pro Gigajoule – jährlich real um einen festen Satz von fünf Prozent steigen.

Vollständige Rückgabe: Das gesamte Energiesteueraufkommen wird an die privaten Haushalte und Unternehmen zurückgegeben (strikte Aufkommensneutralität). Zeitlich befristete Investitionszuschüsse für umweltschonende Energienutzungen sollen nicht über Öko-Steuern finanziert werden, sondern durch Umschichtungen im Forschungshaushalt.

Kompensation durch Senkung der Lohnnebenkosten: Der größte Teil des Öko-Steueraufkommens soll durch eine Senkung der Lohnnebenkosten kompensiert werden. Nach vier Jahren könnten wir mit dem gesamten Öko-Steueraufkommen (im vierten Jahr etwa 37 Milliarden Mark) die sachfremden Leistungen aus der Arbeitslosenversicherung finanzieren. Die Beiträge zur Arbeitslosenversicherung könnten um knapp drei Prozent fallen. In der Folgezeit sollten die übrigen Sozialversicherungen von versicherungsfremden Leistungen entlastet werden.

Ausgleich für Nichterwerbseinkommen: Große gesellschaftliche Gruppen mit niedrigem Einkommensniveau, die keine Sozialversicherungsbeiträge entrichten und deshalb von ihrer Absenkung nicht profitieren würden, sollen einen Ausgleich für die Energiesteuer erhalten. Man könnte vor allem die Sozialhilfesätze sowie die Rentenleistungen anpassen und die Bafög-Sätze erhöhen.

Minderbelastung für energieintensive Branchen: Aus Wettbewerbsgründen könnten für besonders energieintensive Branchen – insbesondere Chemie und Eisen/Stahl – niedrigere Steuersätze angesetzt werden. So wäre vorstellbar, abgestuft niedrige Steuersätze in Branchen anzusetzen, deren Energieintensität mehr als drei Prozent beträgt. Auch andere Übergangslösungen sollten geprüft werden.

Flankierung im Steuerrecht: Der ökologische Umbau des Steuersystems sollte durch weitere Reformen im Steuerrecht flankiert werden. Dazu gehört insbesondere eine allgemeine Entfernungspauschale von zum Beispiel 35 Pfennig pro Kilometer. Die Kfz-Steuer wäre auf die Mineralölsteuer umzulegen sowie die Steuerbefreiung von Flugbenzin aufzuheben.

Die anstehende Öko-Steuerreform sollte jedoch nicht mit überhöhten Erwartungen befrachtet werden. Eine ökologische Steuerreform kann nicht sämtliche ökologischen und arbeitsmarktpolitischen Probleme lösen. Nur: Ohne ökologische Steuern wird es kaum gelingen, das Versprechen nach der Rio-Konferenz einzulösen und die Kohlendioxid-Emissionen in der Bundesrepublik bis zum Jahr 2005 um 25 Prozent zu senken. Und ohne die Senkung der Lohnnebenkosten wird noch mehr Produktion aus Deutschland abwandern, was den Druck auf die Sozialversicherungen weiter verschärft.

Das Haupthindernis bei der Durchsetzung von Öko-Steuern besteht darin: Umweltvorteile kommen allen zugute, die Wohlfahrtsgewinne durch neue Beschäftigung werden weit gestreut, während sich die Kosten unter dem Strich auf besonders energieintensive Wirtschaftszweige wie Chemie, Eisen/Stahl, Aluminium konzentrieren. Gerade diese etablierten Branchen verfügen aber über eine einflußreiche Lobby in Bonn. Branchen, die durch den ökologischen Strukturwandel kräftig wachsen würden und zusätzliche Arbeitsplätze schaffen könnten, haben dagegen ungleich geringere Einflußmöglichkeiten.

Das Unternehmerlager ist also in dieser Frage gespalten. Während sich der Bundesverband Junger Unternehmer (BJU) sowie interessierte mittelständische Unternehmer eindeutig für eine ökologische Steuerreform aussprechen (BJU/BUND 1993), erwecken einige Vertreter der etablierten Verbände zuweilen den Eindruck, als stünde nach Einführung von Öko-Steuern der Untergang des Abendlandes bevor. So hat der Verband der Industriellen Energie- und Kraftwirtschaft (VIK) im September 1994 auf einem Forum zum Thema »Ökologische Steuerreform – Auswirkungen auf den Produktionsfaktor Energie« davor gewarnt, daß die ohnehin schon bestehenden Wettbewerbsverzerrungen gegenüber dem Ausland durch weitere Energieverteuerung verstärkt würden. Am Ende wären dadurch weitere Produktionsverlagerungen von Schlüsselindustrien ins Ausland programmiert. Letztlich werde sogar der gesamte Industriestandort Deutschland gefährdet (HANDELSBLATT, 20. 9. 1994).

In dasselbe Horn bläst, wen wundert es, der Esso-Konzern in einer Studie, die Anfang Dezember 1996 vorgestellt wurde. Die Öko-Steuer würde der Industrie Investitionsmittel entziehen und durch die zusätzliche Kostenbelastung die internationale Wettbewerbsfähigkeit gefährden. Außerdem hätten die Ölpreiserhöhungen von 1973 und 1979 gezeigt, daß höhere Energiepreise keineswegs zu »Effizienzsprüngen« bei der Energienutzung führen müßten, und so weiter und so fort.

Es ist erstaunlich, wie überzeugte Marktwirtschaftler bei jedem Prozent Lohnzuwachs die dadurch bewirkten Rationalisierungsprozesse und Arbeitsplatzeffekte beschwören, den Energiepreisen aber jede Effizienzwirkung absprechen.

Dem setzt Joschka Fischer entgegen, daß »neben dem Kommunikationssektor ... *allein* der ökologische Umbau und eine damit einhergehende ökologische Steuerreform für neue Märkte und Arbeitsplätze sorgen« werden (Der Spiegel, 3. 2. 1997).

Bei der Angst vor Öko-Steuern ist viel Irrationalität im Spiel: Berechenbare Energiepreissteigerungen sollen nicht zu verkraften sein? Da wird die Leistungs- und Anpassungsfähigkeit der deutschen Wirtschaft doch sehr kleingeredet. Währungsschwankungen verteuern deutsche Produkte innerhalb weniger Tage schon einmal um mehr als zehn Prozent. Eine spekulative Überbewertung der Mark und die Währungspolitik der Bundesbank werden jedoch selten als Wettbewerbshindernis gebrandmarkt.

Die Berechnungen der von Greenpeace in Auftrag gegebenen DIW-Studie aber zeigen, daß die meisten Branchen, vor allem auch arbeitsintensive Wirtschaftszweige, von einer ökologischen Steuerreform profitieren würden. Selbst energieintensive Branchen würden, bei niedrigeren Steuersätzen, insgesamt keinen Wettbewerbsnachteil erleiden.

Auch die Erfahrungen unserer Nachbarländer, die Energiesteuern längst eingeführt haben, lassen keine Verschlechterung der Standortbedingungen erkennen. In Dänemark wurde durch Gesetz jede Kilowattstunde mit einer Stromsparabgabe von 0,8 Pfennig belegt. Gleichzeitig wird die Entwicklung regenerativer Energien systematisch gefördert. Und obwohl dort inzwischen mehr als die Hälfte des gesamten Stromverbrauchs aus erneuerbaren Energien bzw. aus Kraftwärmekoppelung gedeckt wird, ist das Strompreisniveau in Dänemark letztlich um 15 Prozent niedriger als in Deutschland (FRANKFURTER RUNDSCHAU, 11. 7. 1996).

Öko-Steuern bedeuten einen Innovationsschub für die Wirtschaft, weil die Einführung energiesparender Produkte und Produktionsverfahren stimuliert wird. Diese Bereiche wachsen bereits jetzt überdurchschnittlich. Öko-Steuern gefährden den Wirtschafts- und Arbeitsstandort also keineswegs. Im Gegenteil, sie helfen ihn sichern.

Selbst in den Programmen der jetzigen Bonner Regierungsparteien hat sich diese Erkenntnis niedergeschlagen. Gefolgt ist daraus jedoch nur das Ansinnen, ökologische Steuern mit einer weiteren Steuerentlastung für die Unternehmen zu verbinden. Dem sollte sich die SPD verweigern. Eine Reform der Unternehmensbesteuerung ist zwar notwendig, aber ein eigenständiges Thema, das kompliziert genug ist. Die Entlastung der Arbeitskosten könnte dabei auf der Strecke bleiben und damit auch das zentrale Reformprojekt der Sozialdemokraten: Arbeit und Umwelt in Einklang zu bringen.

Energiepolitik am Scheideweg

Bei uns im Norden, im Land zwischen den Meeren, bläst zu jeder Jahreszeit ein kräftiger Wind. Das ist manchmal etwas ungemütlich, aber es hat auch seine Vorteile. Denn der Wind ist unerschöpflich. Die Schleswig-Holsteiner haben sich, wie die Dänen, diesen natürlichen Vorteil schon immer zunutze gemacht. Windräder gehörten früher zum Landschaftsbild zwischen Flensburg und Lauenburg. Wer heute über die Vogelfluglinie in Richtung Dänemark fährt, wird auf der Insel Fehmarn einen Eindruck davon gewinnen, daß es in Zukunft wieder so werden kann.

Windenergie leistet inzwischen einen bedeutenden Beitrag zur Stromversorgung des Landes. Beim schleswig-holsteinischen Stromversorger, der Schleswag AG, die bis auf die vier größeren Städte das ganze Land versorgt, betrug der Anteil der Windkraft am gesamten Stromverbrauch 1995 schon fast acht Prozent. Ende 1990, zu Beginn des Windbooms in der Bundesrepublik, waren gerade mal 70 Megawatt Windkraftleistung am Netz. Inzwischen sind es über 1100, davon der Großteil in Schleswig-Holstein.

Die systematische Förderung der Windenergie ist praktizierter Klimaschutz. Jede Kilowattstunde Windstrom erspart der Atmosphäre ein Kilogramm des Treibhausgases Kohlendioxid. Wir wollen in Schleswig-Holstein bis zum Jahr 2010 ein Viertel unseres Stromverbrauchs »aus der Luft« decken. Das entspricht in etwa der Leistung eines Kernkraftwerks oder von zwei bis drei konventionellen Kohlekraftwerken. Gleichzeitig gehört Deutschland inzwischen – zusammen mit den USA und Dänemark – auf dem Markt für Windenergie-Anlagen zur Weltspitze. Bis 1995 sind in der Branche rund 5000 neue Arbeitsplätze entstanden; mit Zulieferern und Service sind es sogar rund 10000.

Strom aus Windenergie ist inzwischen genauso preiswert wie der aus herkömmlichen Kraftwerken, wenn man die früheren Subventionen für die anderen Energieträger (Kohlepfennig, Forschungsgelder für Kernenergie, Entsorgung) mitberücksichtigt (FRANKFURTER RUNDSCHAU, 13. 2. 1996). Als »Exportschlager« für eine dezentrale Versorgung in Entwicklungsländern ist Windenergie leicht handhabbar, technisch beherrschbar, und sie bindet weniger Kapital als andere Energieträger. Es gibt also viele gute Gründe für die weitere Förderung und Entwicklung der Windenergie wie anderer erneuerbarer Energiequellen.

Die großen Stromkonzerne sollten, schon aus eigenem Interesse, die regenerativen Energien fördern, anstatt das Stromeinspeisegesetz mit Verfassungsklagen zu bekämpfen. Wenn der Hauptgeschäftsführer der Vereinigung Deutscher Elektrizitätswerke verkündet, das von der SPD und den Grünen geforderte 100000-Dächer-Photovoltaik-Programm sei auf der Grundlage heutiger Technik um den Faktor 40 zu teuer und bedeute deshalb eine »Verschwendung knappen Kapitals« (FRANKFURTER RUNDSCHAU, 3. 8. 1996), zeugt das weder von einer soliden Wirtschaftsrechnung noch von dem Innovationsgeist, der auf Managementseminaren gern beschworen wird. Ich hatte Technikfeindlichkeit immer in anderen Kreisen vermutet.

Es spricht auch nicht für strategische Weitsicht deutscher Großkonzerne, wenn die AEG/Dasa es 1996 fertigbrachte, in Wedel/Schleswig-Holstein einen der wenigen deutschen Standorte für die Produktion von Solarmodulen wegen angeblich fehlender Rentabilität zu schließen. Statt in die USA auszuwandern, hätte man sich in einem solchen Fall doch erst einmal für die Änderung der steuerlichen Rahmenbedingungen einsetzen können – ein andernorts alltäglicher Lobbyismus, der diesmal aber der Umwelt und dem Arbeitsmarkt hätte zugute kommen können. Aber deutsche Manager tragen heute da, wo Schumpeter einst Innovationsgeist vermutete, nicht selten eine Zinseszinstabelle mit vielen Stellen hinter dem Komma.

Mit Blockadepolitik ist die Zukunft nicht zu gewinnen, schon gar keine ökologisch verträgliche. Untersuchungen belegen eindeutig, daß auch bei der Solarenergie mit entsprechender Förderung und Markteinführung in absehbarer Zeit Konkurrenzfähigkeit mit herkömmlichen Energieträgern erreicht werden kann. Das Land Schleswig-Holstein hat deshalb durch eine stille Beteiligung an der Gründung eines Nachfolgeunternehmens in Wedel mitgewirkt, um einen Beitrag zum Erhalt der Photovoltaik-Technik in Deutschland zu leisten. Gleichzeitig nutzen wir die eingesparten Mittel aus dem früheren »Kohlepfennig«, um die Installation von Sonnenenergie-

Anlagen bei privaten Nutzern, an Schulen, Ministerien und anderen öffentlichen Gebäuden zu fördern.

Und nun noch ein Wort zu den Vogelschützern: Ihr Anliegen ist notwendig und wichtig. Aber wenn wir den Einstieg in eine ökologisch orientierte Energiepolitik wirklich wollen und damit die Voraussetzungen für den Ausstieg aus der Kernenergie und eine Verminderung der Emissionen aus Kohleverstromung schaffen, dann können wir nicht jeden Busch, in dessen Nähe ein Windpark errichtet werden soll, zum unwiederbringlich letzten und wertvollsten Nistgebiet erklären. Natürlich müssen auch bei diesen Anlagen die Belange des Umwelt- und Landschaftsschutzes nach Recht und Gesetz berücksichtigt werden. Verfahren sind dazu da, daß man sich an sie hält und sie beachtet, nicht aber dazu, einen heiligen Krieg zu entfachen. Und mir scheinen die Prioritäten durcheinandergeraten zu sein, wenn man Vögel letztlich durch Kernkraftwerke und Kohlestrom schützen will.

Kernenergie ohne Zukunft, Zukunft ohne Kernenergie

Die verengte Sicht einiger Bürgerinitiativen macht den Umgang mit ihnen manchmal ziemlich schwer. Dies gilt auch für die Anti-Atom-Bewegung, allerdings aus einem anderen Grund. Diese Bewegung hat einen umfassenden politischen und moralischen Ansatz – allein schon deswegen, weil die Bedrohung durch einen nie ganz auszuschließenden atomaren Unfall viel größere Dimensionen hat als in irgendeinem anderen Industriezweig. Seit Tschernobyl brauchen wir darüber nicht mehr zu streiten. Die Frage ist für mich daher nicht, ob wir aus der Kernenergie aussteigen müssen, sondern wie das geschehen kann.

Vielen Bürgerinitiativen und auch einem Teil der Grünen fällt es offensichtlich schwer zu akzeptieren, daß wir auch in diesem Punkt nicht an Gesetz und Recht vorbei Politik machen können. Ungeduld ist verständlich, aber sie ist ein schlechter Ratgeber. Denn sie führt ins politische Abseits. Industrievertreter und die CDU haben uns in Schleswig-Holstein zum Beispiel öfter vorgeworfen, wir betrieben eine »ausstiegsorientierte« Sicherheitspolitik. Unser Ziel sei in Wirklichkeit gar nicht, Sicherheitsmängel in den Kernkraftwerken zu beseitigen, sondern die Anlagen bewußt und ohne sachliche Begründung so lange lahmzulegen, bis sie schon allein aus Kostengründen stillgelegt werden müßten.

Wir haben eine derartige Politik nicht gemacht, und wir hätten es auch nicht gedurft. Wir haben das Kernkraftwerk Brunsbüttel tatsächlich zwei Jahre lang vom Netz genommen, weil Risse im Kühlsystem aufgetreten waren. Dies hätte eine schwerwiegende Gefährdung bedeuten können. Die Prüfung hat zwei Jahre gedauert. Als die Prüfer nach zwei Jahren zu dem Ergebnis kamen, daß keine Sicherheitsmängel vorliegen und der weitere Betrieb unbedenklich sei, haben wir die Anfahrerlaubnis gegeben – und auch geben müssen. Daß wir mit unseren Bedenken nicht allein waren, wird indirekt durch das Verhalten der Bundesregierung bestätigt. Bundesumweltministerin Merkel ist ja nicht zimperlich, wenn es um Anweisungen des Bundes in der Atompolitik geht. Wir haben in diesen zwei Jahren keine Anweisungen bekommen. Also war man bei dieser Frage in Bonn offenbar genauso unsicher wie wir in Schleswig-Holstein.

Der Ausstieg aus der Kernenergie kann nicht mit Tricks erfolgen, sondern nur mittels einer politischen Richtungsentscheidung. Die ist kaum zu erwarten, solange die gegenwärtige Regierungskoalition amtiert und sich in diesen Fragen nicht bewegt. Wir müssen also weiterhin Überzeugungsarbeit leisten:

- Es wird keine Einbußen an Wohlstand und Versorgungssicherheit geben, wenn wir gleichzeitig konsequent Energie sparen und erneuerbare Energieträger fördern und einführen.
- Kernenergie ist nur deswegen noch billiger als andere Energieformen, weil die ganzen Entsorgungs- und Sicherheitskosten vom Staat, also durch das Geld der Steuerzahler, getragen werden. Wer zählt noch die Milliarden, die in die Untersuchung des Salzstocks in Gorleben geflossen sind?
- Wir, also die Politiker und die Bürger, müssen die Energieversorger und -verteiler von der Zukunftsfähigkeit alternativer Energien überzeugen.
- Die steuerfreien Rücklagen bringen alle Rentabilitäts-Untersuchungen für die Kernkraft durcheinan-

der, und die Haftungssumme für kerntechnische Anlagen ist nach allem, was wir seit Tschernobyl wissen, lächerlich gering.

– Auch wenn das von interessierter Seite immer wieder bestritten wird: Niemand kann einen Unfall in einem Kernreaktor, einem atomaren Zwischen- oder Endlager oder beim Transport von Atommüll völlig ausschließen.

Seit Tschernobyl weiß jeder, welche verheerenden Dimensionen ein atomarer Unfall haben kann. Der Atommüll muß für Hunderte oder gar Tausende von Jahren sicher gelagert werden. Wer kann für eine solche Zeitspanne glaubwürdig bürgen? Kann uns zum Beispiel die Bundesumweltministerin versprechen, daß es in Deutschland (von anderen Ländern ganz zu schweigen) nie wieder politischen Terrorismus geben wird, daß nie und nimmer ein Flugzeug auf die Leichtbauhalle in Gorleben fallen kann, daß nie ein Container mit radioaktivem Abfall verunglückt (wie schnell das passieren kann, hat die Zugentgleisung bei Metz im Februar 1997 gezeigt), daß es trotz aller Sicherheitsvorkehrungen in den Kernkraftwerken niemals menschliches Versagen oder Verantwortungslosigkeit geben kann? All das ist unmöglich, und deshalb ist der Ausstieg aus der Kernenergie auch ein moralisches Gebot gegenüber den nachfolgenden Generationen.

Ich halte es durchaus für möglich, nicht nur die Bevölkerung, sondern auch die Industrie einschließlich der Stromversorgungsunternehmen davon zu überzeugen, daß wir mit der Förderung und Einführung erneuerbarer Energien auf dem besseren Weg sind. Das Einspeisegesetz hat den Aufschwung der Windenergie bewirkt. Daß einzelne Energieversorger, wie die Schleswag, die damit verbundenen Belastungen nicht allein tragen wollen, ist verständlich, aber kein prinzipieller Einwand. Denn dieses Problem ist lösbar, wenn wir den entsprechenden Ausgleichsmodus auf möglichst alle Energieversorger erweitern. Aber manche werden wir nie überzeugen können.

Auch deshalb – und weil die Wirkungsmöglichkeiten der Landespolitik beschränkt sind, selbst wenn die Mehrheit der Länder den Ausstieg befürwortet – brauchen wir andere politische Mehrheiten in Bonn/Berlin. Der Einstieg in das Solarzeitalter könnte, wie Oskar Lafontaine es formuliert hat, das zentrale industriepolitische Reformprojekt der Sozialdemokratie werden. Eine SPD-geführte Bundesregierung müßte als erstes das Energieversorgungsgesetz ändern, um für die Abwicklung der Kernenergie eine gesetzliche Grundlage zu schaffen. Selbst dann aber wird es aufgrund des Rückwirkungsverbots von Gesetzen schwer sein, die Zehn-Jahres-Frist einzuhalten, die sich die SPD durch Parteitagsbeschluß gesetzt hat. Die alten Schrottmühlen werden wir schnell vom Netz nehmen können. Für die neueren Reaktoren wird man dagegen längere Restlaufzeiten festlegen müssen, wenn kostspielige Schadensersatzklagen vermieden werden sollen.

Verkehrspolitik: Ganz rapid gegen den Transrapid

Zwischen Bürgerinitiativen und Politik besteht ein natürliches Spannungsverhältnis. Das ist notwendig, erschwert aber oft den Dialog. Diese Erfahrung ist für die Grünen noch schmerzlicher als für die SPD, weil sie einen großen Teil ihrer Wählerklientel direkt betrifft. Deswegen werden die Wähler einer besonderen Zerreißprobe unterworfen, wenn ein Verkehrsprojekt aus übergeordneten Gesichtspunkten gegen den Widerstand örtlicher Bürgerinitiativen realisiert wird. Beispiel: die Auseinandersetzungen um die geplante »Ostsee«-Autobahn A 20. Im Grundsatz ist der Dissens in der Verkehrspolitik zwischen den Koalitionspartnern in Schleswig-Holstein gar nicht so groß. Ich habe seit langem öffentlich vertreten, daß die Bundesrepublik schon übermäßig zubetoniert ist. Wir sollten – bis auf kleine Ausnahmen – kein Geld mehr für neue Autobahnen und Schnellstraßen ausgeben.

Aber seit ich mir zum erstenmal die Verkehrssituation in den Dörfern und Städten in Mecklenburg-Vorpommern angeschaut habe, wie sich die Autokolonnen durch die wunderschönen Alleen wälzen, wie die Innenstädte und Ortskerne im Dauerstau und Abgasdunst ersticken, habe ich sehr viel mehr Verständnis für den Wunsch der Bevölkerung nach überörtlichen Verkehrsanbindungen. Dabei geht es nicht nur um das Dauerchaos durch den Fernverkehr, es geht auch um die eingeschränkte Mobilität innerhalb der Region und aus ihr heraus. Wenn wir den Nordosten der Republik nicht auf Jahrzehnte zum »toten Winkel« Deutschlands machen wollen, werden wir die nahezu einhellige Forderung der Bevölkerung nach dieser Autobahn respektieren müssen – obwohl ich weiß, daß dies auch in den betroffenen Gebieten Schleswig-Holsteins ökologische Kosten verursachen wird.

Anders sieht es mit dem Transrapid aus. Dieses Projekt, das die Bonner bis vor kurzem auf Biegen und Brechen durchziehen wollten, führt verkehrs- und industriepolitisch ins Abseits. Diesen Standpunkt vertrete ich seit 1993, seit ich Ministerpräsidentin bin. Mit kaum verhohlener Schadenfreude verfolge ich die neuerlichen Absetzbewegungen des Verkehrsministers und der beteiligten Konzerne. Ich frage mich allerdings, warum Bundesverkehrsminister Wissmann als geladener Haupt- und Gastredner anläßlich eines Grünkohlessens der schleswig-holsteinischen Unternehmensverbände am 10. Dezember 1996 nicht den Mut hatte, die fehlende Rentabilität dieses Projekts zumindest als Möglichkeit einzuräumen und weitere Berechnungen anzukündigen. Warum mußte er vor den schleswig-holsteinischen Unternehmern noch das Hohelied des Transrapid singen, obwohl er natürlich schon damals wußte, womit er im Januar 1997 herausrücken mußte: Der Transrapid rechnet sich nicht.

Vielleicht hat er mir diesen kleinen Triumph nicht gegönnt. Aber die Wahrheit läßt sich nur für eine gewisse Zeit unterdrücken. Und so ist seine Ankündigung vom Januar 1997, daß der Transrapid nicht gebaut werde, wenn die Rentabilität nicht gewährleistet sei, nichts weiter als der »Einstieg in den Ausstieg« aus diesem unsinnigen Projekt. Die Landesregierung wird jedenfalls alles ihr Mögliche tun, um die späten Lernprozesse des Bundesverkehrsministers zu unterstützen und den Bau der Transrapidstrecke zwischen Hamburg und Berlin zu verhindern. So lassen wir zur Zeit in einem Normenkontrollverfahren beim Bundesverfassungsgericht in Karlsruhe prüfen, ob die einfache Behauptung eines Bedarfs im Bedarfsgesetz für die Magnetschwebebahn die erheblichen Eingriffe in das Eigentumsrecht der betroffenen Anlieger rechtfertigt. Deren Grundstücke können aufgrund dieses Gesetzes jederzeit ohne handfesten Nachweis des Bedarfs enteignet werden, abgesehen davon, daß viele Grundstücke schon jetzt erheblich an Wert verloren haben, wenn sie in der Nähe der geplanten Trassenführung liegen. Und natürlich würde auch die Lebensqualität der Anlieger durch Bau und Betrieb erheblich beeinträchtigt.

Der im Gesetz in einem einzigen Satz mit 27 Wörtern behauptete Bedarf ist durch keine einzige seriöse Untersuchung untermauert. Was soll man von einer Fahrgastprognose halten, nach der nahezu alle Einwohner der Bundesländer Berlin, Hamburg, Schleswig-Holstein und Brandenburg, einschließlich Babys, Omas und Opas, mindestens einmal pro Jahr mit dem Transrapid nach Hamburg oder Berlin fahren werden? Wenn es verfassungsgemäß ist, eine ordentliche Bedarfsplanung aus politischer Opportunität durch eine in Gesetzesform gefaßte, nicht verifizierbare Behauptung zu ersetzen und damit den Eingriff in das Eigentumsrecht der Betroffenen zu begründen, werden dem Gesetzgeber in Zukunft alle möglichen Eingriffe in die Grundrechte der Bürger sehr leicht gemacht. Es geht also hier um mehr als nur die Unsinnigkeit dieses Projekts. Es geht um einen Grundsatz unserer Verfassung.

Ich bin keineswegs technikfeindlich. Ich bin vielmehr für die Entwicklung und Anwendung neuer Techniken, wenn sie die Leistungsfähigkeit unserer Verkehrsinfrastruktur steigern und uns gleichzeitig helfen, Energie zu sparen und den Landschaftsverbrauch zu verringern. Der Transrapid aber leistet dies nicht. Er ist ein Pingpongspiel zwischen den Metropolen Berlin und Hamburg, ohne die Fläche zu erschließen. Er ist eine Insel-Lösung, die nicht oder nur sehr aufwendig mit anderen Verkehrsträgern vernetzt werden kann. Er verursacht zusätzlichen Autoverkehr zu den Haltepunkten an den Stadträndern, den wir nicht gebrauchen können. Er zehrt den Schienenverkehr aus, mit der Folge, daß die Länder auf eigene Kosten entsprechenden Ersatz im Nah- und Regionalverkehr schaffen müssen.

Er verhindert nach Aussagen von Heinz Dürr, Chef der Deutschen Bahn AG, die wesentlich billigere ICE-Verbindung zwischen Hamburg und Berlin. Und dann sollen die Anbindungen in Berlin und Hamburg auch noch von den beiden hoffnungslos überschuldeten Städten übernommen werden. (Was geschieht übrigens, wenn auf dem liberalisierten transeuropäischen Schienennetz plötzlich ein Konkurrent auftaucht?)

Auch die anderen Hoffnungen, die mit dem Transrapid verbunden werden, lösen sich zusehends in nichts auf. Verkehrsminister Wissmann hat inzwischen seine Prognose über die durch den Transrapid entstehenden Dauerarbeitsplätze von 10 000 auf 4000 herunterkorrigiert. Der Flächenverbrauch pro Streckenmeter wurde von der Planungsgesellschaft von maximal zwölf auf nunmehr 20 Quadratmeter heraufgesetzt. Gleichzeitig werden die Kosten unrealistisch niedrig, die Fahrgastzahlen aber auf absurde Weise hoch kalkuliert.

Die Wirtschaftlichkeitsberechnungen zum Transrapid sind durch und durch unsolide. Die Fahrweg-Kosten sind nach dem Preisstand von 1993 mit 5,6 Milliarden angesetzt. Natürlich wird das nicht ausreichen. Der Bund wird es ausbaden müssen, wenn sich der Verkehrsminister durchsetzt. Der will 57 Prozent der Fahrwegkosten tragen. Den Rest sollen die übrigen Ressorts aus ihren Haushaltsmitteln zusammenkratzen. So ist zum Beispiel der Landwirtschaftsminister mit 220 Millionen dabei – eine der kuriosesten agrarpolitischen Maßnahmen, die ich kenne. Der Bundesarbeitsminister soll 88 Millionen beisteuern. Wäre dies Geld nicht besser gleich in ABM angelegt, anstatt den Haushaltszuschuß für die Bundesanstalt für Arbeit fortlaufend zusammenzukürzen? Sogar die Entwicklungshilfe soll neun Millionen lockermachen – will der Entwicklungshilfeminister seinen Besuchergruppen aus der Dritten

Welt in Zukunft einen Erlebnisurlaub mit dem Transrapid ermöglichen?

All das ist schlicht absurd und zeigt, daß wir uns diesen »Widersinn auf Stelzen« (FRANKFURTER ALLGEMEINE) einfach nicht leisten können – auch wenn der Zukunftsminister mit 400 Millionen Mark mit von der Partie ist. Aber der Transrapid hat bei uns keine Zukunft. Er beruht auf einer Erfindung aus dem Jahre 1936, die sechzig Jahre in den Archiven verstaubt ist und nun partout zum Laufen gebracht werden soll.

Ich verstehe ja noch, daß sich die Landesregierung in Mecklenburg-Vorpommern nicht gegen die Bundesregierung stellen will und sich durch einen Haltepunkt in Schwerin und andere Zusicherungen hat ködern lassen. Ich verstehe schon weniger, daß der Berliner Senat inzwischen auf Transrapid-Kurs fährt, obwohl der Ausbau als ICE-Strecke viel schneller und billiger zu haben wäre. Ich vermute, das hängt mehr mit der Schwäche der SPD in der Berliner großen Koalition zusammen als mit irgendwelchen sachlichen, verkehrspolitischen Überlegungen. Aber was um Himmels willen treibt meinen Kollegen Henning Voscherau aus Hamburg dazu, dieses Projekt zu unterstützen? Gibt es irgendeinen Nutzen für Hamburg? Ich kann keinen erkennen.

Und Niedersachsen, dessen Ministerpräsident allen Wirtschaftsinteressen besonders zugetan ist, will ihn neuerdings auch – den Transrapid! Vielleicht weil das Land von der Trasse Hamburg–Berlin gar nicht berührt wird. Übrigens haben die Amerikaner den ICE auch nicht gekauft, obwohl er technisch ausgereifter ist als der französische TGV, in Deutschland seit Jahren im Dauerbetrieb ist und sogar in den USA vorgeführt wurde.

Warum also muß der Transrapid unbedingt durchgepaukt werden? Die gegenüber dem ICE kürzere Fahrtzeit von etwa zwanzig Minuten kann es wohl nicht sein. Wer muß zwanzig Minuten schneller sein? Und wer will dafür mehr als fünf Milliarden Mark in den Sand setzen? Das will doch hoffentlich niemand. Der eigentliche Grund dafür, daß der Transrapid auf Teufel komm raus gebaut werden soll, ist die Hoffnung der Industrie auf den Verkauf dieses Verkehrssystems im Ausland. Aber diese Hoffnung ist auf mindestens ebenso sandigem Grund gebaut wie die Beton-Stelzen, mit denen die Landschaft zwischen Hamburg und Berlin verunstaltet werden soll. Der Bundesrechnungshof hat in seinem Bericht 1996 festgestellt: »Die Vermarktungsgesellschaft der privaten Wirtschaft, Transrapid International, besteht mindestens seit dem Jahr 1990. Vorverträge oder Optionen für den Verkauf des Gesamtsystems Transrapid nach dem Nachweis von dessen Funktionsfähigkeit auf der Anwendungsstrecke sind dem Bundesverkehrsministerium nicht bekannt.« Exportchancen bestünden lediglich nach Malaysia.

Das ist reichlich dürftig für einen vermeintlichen zukünftigen Exportschlager.

Was wirklich Arbeitsplätze schafft

Auf der einen Seite sollen Milliarden in eine ökonomisch unsinnige und überflüssige Verkehrstechnologie wie den Transrapid gepumpt werden. Auf der anderen Seite wird bei jeder noch so harmlosen Umweltauflage über angebliche Wettbewerbsnachteile für die deutsche Industrie gejammert. Das ist widersinnig. Die Umwelttechnik ist eine Wachstumsbranche und einer der bedeutenden Weltmarktsektoren, auf dem die Bundesrepublik Spitze ist.

Mit dem stereotypen Hinweis auf den Wettbewerb kann man vieles abwürgen. In Deutschland, so heißt es, können wir dies oder jenes nicht allein umsetzen. Wir müßten aus Wettbewerbsgründen auf die EU warten. Und die EU sagt: Wir würden ja gern, aber aus Wettbewerbsgründen können wir damit erst beginnen, wenn auch die USA und Japan mitziehen. Und so weiter und so fort, bis schließlich die UNO oder der liebe Gott gefragt werden muß. So werden wir nie zu einem ökologischen Umbau kommen. Und weil dies jeder weiß, ist das Wettbewerbsargument in den meisten Fällen nichts weiter als eine vorgeschobene Verhinderungsstrategie – denkfaul und innovationsfeindlich gegen Öko-Steuern, Öko-Standards, ökologische Entwicklung überhaupt.

Wir könnten auch im nationalen Alleingang mit dem ökologischen Umbau beginnen. Wir müssen nicht auf Brüssel warten. Und wir sollten uns hüten, die ökologische Innovationskraft Japans zu unterschätzen. Im europäischen Binnenmarkt dürfen Mitgliedsländer sehr wohl neue Verbrauchssteuern einführen, wenn das den grenzüberschreitenden Handel nicht behindert. Schon die Differenzierung der Mehrwertsteuer nach Energieverbrauch wäre ein erster Schritt. Niemand kann uns daran hindern. Aber alle werden uns später darum beneiden, daß wir als erste der großen Industrienationen damit begonnen haben. Wir könnten damit anderen Ländern zeigen, wie es geht. Wir können heute neue Standards setzen, denen sich die anderen nachher anpassen müssen. Das wäre zukunftsgerichtete Wettbewerbspolitik für den Standort Deutschland. Aber viel Zeit haben wir nicht mehr. Ich fürchte, die konservativen Umweltmuffel werden es im Verein mit den ach so modernen, marktfixierten Deregulierern schaffen, eine der ganz großen Chancen des Standorts Deutschland zu verspielen.

Es gibt in Deutschland jede Menge Kleinbetriebe, Handwerker, Ingenieurbüros, die vermarktungsfähige Umwelttechniken und -dienstleistungen im Köcher haben. Sie warten nur darauf, daß durch entsprechende Umweltnormen eine neue Nachfrage ausgelöst wird. Das würde zusätzliche Beschäftigung in großem Ausmaß schaffen. Vier große Wirtschaftsforschungsinstitute (Deutsches Institut für Wirtschaftsforschung Berlin/DIW, Institut für Wirtschaftsforschung München/IFO, Institut für Wirtschaftsforschung Halle/IWH, Rheinisch-Westfälisches Institut für Wirtschaftsforschung Essen/RWI) sind in einer gemeinsamen, vom Bundesumweltministerium in Auftrag gegebenen Untersuchung zu dem Ergebnis gekommen, daß 1994 über 950 000 Beschäftigte im Umweltsektor tätig waren. Das sind 2,7 Prozent aller Erwerbstätigen und entspricht etwa der Beschäftigungszahl der Autoindustrie (Projektgemeinschaft 1996).

Diese Fakten sollte sich übrigens auch mein Kollege Gerhard Schröder, bekanntermaßen ein besonderer Freund des Automobils, vor Augen führen, bevor er gegen die ökologische Steuerreform zu Felde zieht. Denn im Gegensatz zur PS-Schlüsselbranche mit ihrem permanenten Personalabbau steigt die Beschäftigtenzahl im Umweltsektor weiter an. In den alten Bundesländern ist die Zahl der direkt mit der Produktion von Umweltschutzgütern Beschäftigten von 1990 bis 1994 um drei Prozent gestiegen, während das produzierende Gewerbe insgesamt einen Beschäftigungsrückgang von neun Prozent verzeichnete. Im Bereich umweltbezogener Dienstleistungen ist der Beschäftigungszuwachs im übrigen noch höher als in der Produktion. Wir müssen besser werden in den Produktionen und Dienstleistungen von morgen und die von gestern anpassen oder aufgeben. Das war schon das Innovationsmotiv von Joseph Schumpeter.

Die Beschäftigungschancen des Umweltschutzsektors werden auch von der IG Metall, die sowohl Automobilkonzerne als auch die meisten Produzenten von Umweltschutzgütern zu ihrem Organisationsbereich zählt, positiv beurteilt. Bei der Abwägung zwischen kurzfristigem und kurzsichtigem Kostendenken auf der einen und langfristigem Ertragsdenken auf der anderen Seite setzt sie ihre Prioritäten eindeutig zugunsten der ökologischen Steuerreform, strengerer Umweltstandards und einer Umwandlung der derzeitigen Kilometerpauschale in eine vom Verkehrsmittel unabhängige Entfernungspauschale. Sie befindet sich hier in guter Gesellschaft mit der Sozialdemokratischen Partei.

Die SPD hat einst die Formel »Arbeit und Umwelt« geprägt und dazu 1984 die Einrichtung eines Sondervermögens gefordert. Als die Grünen die Industriegesellschaft am liebsten gleich ganz abschaffen wollten und die CDU das Wort Ökologie noch im Fremdwörter-Duden gesucht hat, haben die Sozialdemokraten den ökologischen Umbau der Industriegesellschaft zum Programm erhoben. Tempo-Limit, Öko-Steuern, Verlagerung von Verkehr auf die Schiene, Entfernungspauschale, Verursacherprinzip, Internalisierung von Umweltkosten – alles gute, sozialdemokratische Positionen. Wir wissen also, wie es funktioniert. Warum sind wir dann so zaghaft? Warum machen wir nicht Ernst, auch wenn es Widerstände gibt?

Soweit es geht, haben wir in Schleswig-Holstein strikte ökologische Kriterien in unsere Wirtschaftsförderung aufgenommen. Wir fördern keine Einzelbetriebe mehr, sondern ganze Branchen unter ökologischen Gesichtspunkten. Gleichzeitig haben wir ökologische Innovationszentren eingerichtet, zum Beispiel einen Technologiepark für ökologisches Bauen in Eckernförde. Und wir haben mit einer 1996 beschlossenen Abfallabgabe einen kleinen Schritt getan, um die nach wie vor falschen Preisrelationen in diesem Bereich richtigzustellen. Dieses Konzept wird von den Unternehmern in Schleswig-Holstein inzwischen akzeptiert. Auch die rot-grüne Koalition hat daran nichts geändert. Sie setzt den schon früher von der SPD begonnenen Kurs der ökologisch orientierten Wirtschaftspolitik fort.

Vielleicht hängt diese größere Offenheit für zukunftsorientierte Lösungen auch ein wenig mit unserer Lage zwischen den Meeren zusammen. Der Meeresspiegel wird, das haben die Klimaforscher ermittelt, durch emissionsbedingte Klimaveränderungen und Gletscherschmelze bis zum Jahr 2100 um 50 bis 90 Zentimeter ansteigen. Wir in Schleswig-Holstein melden also mit unseren 1132 Kilometern Küstenlinie als erste Land unter, wenn die vorhandenen Instrumente zum Klimaschutz nicht endlich eingesetzt werden. Dazu wäre zum Beispiel die deutliche Anhebung des Benzinpreises die vergleichsweise angenehmere Alternative. Das gilt übrigens auch für Niedersachsen mit seiner Nordseeküste und für Bayern mit seinen schneeabhängigen Wintersportgebieten.

4. Kapitel
Politik am Standort Deutschland

»Der Jammer mit der Menschheit ist,
daß die Narren so selbstsicher sind
und die Gescheiten so voller Zweifel.«
Bertrand Russell

Perspektiven hängen vom Standort ab. Auch die Perspektiven des »Standorts Deutschland« hängen davon ab, von welcher Warte aus sie betrachtet und beurteilt werden. So nehme ich interessiert zur Kenntnis, welchen Standpunkt die Vertreter US-amerikanischer Konzerne einnehmen, wenn sie ihren Blick auf Deutschland lenken. Sie klagen über viel zu hohe Lohnkosten, steuerliche Belastungen, ein »irrwitziges Arbeitsrecht«, blockierende Betriebsräte, die staatliche Bürokratie. Es drängt sich ihnen das Bild vom Riesen Gulliver auf, der von so vielen Fäden umsponnen ist, daß er daran erstickt, während andere europäische Volkswirtschaften – vornehmlich Großbritannien – sich von allen einengenden Fesseln befreien. Deutschland, so diese Manager, sei für die Unternehmen zwar als Markt noch interessant. Aber als Produktionsstandort verliere das Land zunehmend an Bedeutung, wenn es sich nicht ebenfalls von seinen Fesseln befreie (HANDELSBLATT, 29./30. 11. 1996).

Also runter mit Lohnkosten und Unternehmenssteuern, weg mit arbeitsrechtlichen Schutzbestimmungen und Mitbestimmungsrechten, weg mit staatlichen Auflagen, Kontrollen und Genehmigungsverfahren? Also letztlich weg mit dem Sozialstaat, weg mit dem Umweltstaat, weg mit dem historisch gewachsenen Staat überhaupt? Die Perspektiven dieser Vertreter US-amerikanischer Konzerne sind offensichtlich von Managementphilosophien geprägt, die in den Wilden Westen passen mögen, aber nicht der europäischen und schon gar nicht der deutschen Kultur entsprechen. Der wirtschaftliche Erfolg Deutschlands in den letzten Jahrzehnten beruhte weder auf Lohnkonkurrenz noch auf maximaler arbeits- und umweltrechtlicher Deregulierung, sondern auf einem leistungsfördernden, kooperativen System des Interessenausgleichs zwischen allen am wirtschaftlichen Prozeß Beteiligten. Die Unternehmen in Deutschland, auch die hiesigen US-amerikanischen Konzerntöchter, sind mit diesem System bisher nicht schlecht gefahren.

Einen wirklichen Grund, ihre eigene und die Zukunft Deutschlands in düsteren Farben zu malen, haben nur die fast fünf Millionen Arbeitslosen und diejenigen, die von Arbeitslosigkeit bedroht sind. Doch das lauteste Gejammer über den »Standort Deutschland« ertönt von ganz anderer Seite – von den Konzernmanagern, von den Unternehmern und ihren Verbänden – auch von solchen, denen zweistellige

Gewinnzuwächse noch nicht genug sind. Die Schere zwischen Unternehmereinkommen (plus 220 Prozent) und Arbeitnehmereinkommen (plus 40 Prozent) hat sich seit 1982 ganz im Sinne der Angebotsökonomie weit geöffnet. Das läßt nicht gerade auf eine Verelendung der Unternehmer in Deutschland schließen.

Selbst die deutschen Exporte sind 1996 nicht etwa gesunken, sondern weiter gestiegen, wenn auch nicht in gewohntem Maße. Deutschland ist – im Verhältnis zur Einwohnerzahl – nach wie vor »Exportweltmeister«. Die Produktivität sinkt nicht, sie macht riesige Sprünge. Die Lohnstückkosten steigen nicht, sie sind – mit leicht fallender Tendenz – im ganzen stabil und gegenüber unseren wichtigsten Außenhandelspartnern durchaus wettbewerbsfähig. Viele mittelständische Unternehmer sind auf ihren Spezialgebieten Weltmarktführer. Und wir haben in Deutschland eine materielle, personelle und institutionelle Infrastruktur, die ihresgleichen sucht. Wir haben hochqualifizierte Facharbeiter – aber wer weiß, wie lange noch, wenn die Industrie zunehmend aus der Ausbildung aussteigt, wie das in den letzten Jahren der Fall war. Wir haben Gewerkschaften, die 1995 den Unternehmern ein »Bündnis für Arbeit« auf dem Silbertablett offeriert haben. Warum nur haben die Unternehmer das zurückgewiesen? Offenbar reicht das jedoch alles noch nicht. Einige Unternehmer und Verbandssprecher übertreffen sich geradezu im Wehklagen über die angeblich so katastrophalen Bedingungen des »Standorts Deutschland«.

Elefanten im Porzellanladen

Ob Wirtschaftsboß oder Verbandsfunktionär – einer sieht schwärzer als der andere, als wenn man bewußt darauf aus wäre, interessierte ausländische Investoren abzuschrecken. Nichts spricht dagegen, vor Fehlentwicklungen zu warnen. Aber so zu tun, als stünde der Kollaps des Wirtschaftsstandorts Deutschland unmittelbar und unabwendbar bevor, als gäbe es keine größere Qual, als hierzulande Unternehmer zu sein, ist pure Demagogie – und sträflich leichtsinnig.

Einerseits treten diese berechnenden Schwarzmaler wie die berühmten Elefanten im Porzellanladen auf, die in naiver Tolpatschigkeit zerdeppern, was an Werten vorhanden ist. Sie reden den Standort Deutschland in Grund und Boden und tun so, als seien Unternehmenssteuern geradezu unanständig. Andererseits sollten wir ihnen keine Naivität zugute halten. Denn auch hochbezahlte Manager, Unternehmer und Vermögende nehmen die hochentwickelten, unbestreitbar produktiven Infrastrukturleistungen des Staates wie selbstverständlich in Anspruch. Sie nutzen Subventionstöpfe, Forschungs- und Bildungsressourcen, Verkehrs- und Kommunikationseinrichtungen sowie kulturelle Angebote. Sie bauen auf Rechtssicherheit und Verläßlichkeit der Verwaltung in Deutschland. Gleichzeitig nutzen sie jede sich bietende Möglichkeit, um dem Staat durch Standortverlagerung, konzerninterne Verrechnung und andere Methoden Steuern vorzuenthalten. Das paßt alles nicht zusammen.

Die Standortdebatte wird von einigen Unternehmern und Verbandsvertretern nach dem Motto »Haltet den Dieb!« geführt. Man stellt um so lauter Forderungen an Staat und Gewerkschaften, je geringer die eigene Fähigkeit ist, sich auf veränderte Umstände einzustellen. Totes Anlagevermögen ist in vielen Unternehmen immer noch mehr wert als lebendiges Vermögen. Der Stuhl des Ingenieurs erscheint auf der Aktivseite der Bilanz, der Ingenieur selbst dagegen nur auf der Kostenseite. Phantasie, Kreativität, Intelligenz, Risikobereitschaft – das alles kann man nicht staatlich verordnen. Das kann auch keine Gewerkschaft in Tarifverhandlungen zugestehen. Das muß von den Unternehmen selbst entwickelt und gefördert werden.

Natürlich haben wir Standortprobleme. Wenn Siemens und BMW keine Steuern zahlen, obgleich ihre Bilanzen die Höhe des Himalaja übersteigen, dann haben wir ein Standortproblem. Wenn im dualen System nicht mehr ausgebildet wird, dann haben wir ein Standortproblem. Wenn Fachkräfte mit Vierzig vor die Tür gesetzt werden, weil sie »zu alt« sind, dann haben wir ein Standortproblem. Aber das sind zum geringeren Teil Kostenprobleme und zum größeren Teil Probleme des Denkens, der Einstellung, mangelnder Flexibilität und Innovationsbereitschaft – bei den Unternehmen, aber auch im staatlichen Bereich. Wenn diese Probleme nicht gelöst werden, nützt selbst die radikalste Senkung der Arbeitskosten nichts.

Einen internationalen Wettlauf um niedrigste Arbeitskosten und soziale und ökologische Deregulierung können – und müssen – die Europäer und die Deutschen nicht gewinnen. Letztlich wird immer irgendwo jemand billiger oder weniger reguliert sein. Wir müssen unseren eigenen, europäischen Weg suchen – nicht gegen den Markt, aber auch nicht ausschließlich über ihn. Philippe Seguin, der gaullistische Präsident der Französischen Nationalversammlung, hat eindringlich vor einer Negativspirale gewarnt (SÜDDEUTSCHE ZEITUNG, 20. 11. 1996), die in eine Massenverarmung wie bei der ersten industriellen Revolution münden könnte – nur mit einem Unterschied: Es gibt heute kein Land der unbegrenzten Möglichkeiten mehr – wie einst Amerika –, in das ein Teil der verarmten Bevölkerung auswandern könnte.

Wir müssen die Probleme also anders lösen als durch wohlfeile Rezepte radikaler Markt-Ideologen, deren Einfluß in der Gesellschaft und in der Bonner Regierung immer noch zuzunehmen scheint. Aber es wächst auch der Widerwille gegen eine Politik, die gerade jene Traditionen des kooperativen Zusammenwirkens zwischen Unternehmen, Gewerkschaften, Umweltverbänden und Staat zerschlägt, die uns haben groß werden lassen und die wir zur Bewältigung der augenblicklichen Krise dringend brauchen. Gerade weil es diese Traditionen, die Kultur des sozial- und umweltpartnerschaftlichen Miteinander, immer noch gibt (was den gelegentlichen Konflikt nicht ausschließt), haben wir in Deutschland gute Voraussetzungen, die Standortprobleme anzugehen und zu lösen.

Deshalb ist mir völlig unverständlich, warum die Bundesregierung in gemeinsamer Front mit den Arbeitgebern das Angebot der Gewerkschaften für ein »Bündnis für Arbeit« so kaltblütig ins Leere hat laufen lassen. Im nachhinein sieht es fast so aus, als wäre der Kanzler nur zum Schein auf den Vorschlag von IG-Metall-Chef Zwickel eingegangen, für zwei Jahre auf Reallohnsteigerungen zu verzichten, wenn dafür im Gegenzug die Sozialleistungen unangetastet bleiben und die Unternehmen Neueinstellungen vornehmen. Vielleicht haben die maßgeblichen Herren auch geglaubt, sie kriegten das ganz ohne Gegenleistung.

Bis zu den Landtagswahlen im Frühjahr 1996 hat man die Gesprächsrunden öffentlichkeitswirksam inszeniert und eine Halbierung der Arbeitslosigkeit bis zum Jahr 2000 versprochen. Kaum waren die Landtagswahlen vorbei, haben die Betonfraktion unter den Arbeitgeber-Funktionären und eine ihnen willfährige Bonner Koalition das ganze Projekt fallenlassen wie eine heiße Kartoffel und ihre destruktive Politik durchgezogen: Begrenzung des Bezugs von Arbeitslosenhilfe, Verschlechterung der Lohnfortzahlung im Krankheitsfall, Wegfall des Schlechtwettergeldes und vieles andere mehr. Es wird nicht gemeinsam Beschäftigung organisiert, sondern es wird versucht, das Machtgleichgewicht in der Gesellschaft zu verändern. Das mußte von den Gewerkschaften als Affront verstanden werden und war wohl auch so gemeint. Das Ergebnis ist deprimierend: Im Oktober 1996 gab es 341000 Arbeitslose mehr als im Oktober 1995, als

Klaus Zwickel gegen erheblichen Widerstand in den eigenen Reihen seinen Vorschlag präsentiert hatte. Und im Februar 1997 war mit 4,68 Millionen Arbeitslosen der Höchststand der dreißiger Jahre erreicht.

Wenn wir die Beschäftigungskrise bewältigen wollen, müssen wir uns wieder auf unsere Stärken besinnen. Die liegen in der verantwortungsbewußten Kooperation zwischen den Sozialpartnern, in der Leistungsfähigkeit der Arbeitnehmerinnen und Arbeitnehmer, in ihrer Qualifikation und ihrem Vertrauen darauf, fair am Erfolg der gemeinsamen Arbeit beteiligt zu werden. Dieses Vertrauen ist, wie der Göttinger Industriesoziologe Horst Kern in einem Beitrag auf dem letzten Soziologentag in Dresden ausgeführt hat (Frankfurter Rundschau, 14. 11. 1996), erschüttert: Der »Kooperationsort Betrieb«, so Kern, habe bisher einen außerordentlichen Stellenwert für Leistungs- und Innovationsfähigkeit gehabt. Er droht zusammenzubrechen, wenn viele Arbeitgeber zum Rückzug aus Tarifvertrag und Mitbestimmung blasen.

Standortpolitik »en miniature«

Vielfach wird das Jahr 1989 als »Zeitenwende« beschrieben. Mit dem Wegfall der Blockgrenzen in Europa habe die Globalisierung der Ökonomie im allgemeinen und speziell für Deutschland eine neue Dimension erhalten. Die Niedriglohnregionen der

Welt lägen nun nicht mehr in weiter Ferne auf anderen Kontinenten, sondern unmittelbar hinter der deutschen Grenze. Dies verschaffe den Unternehmen in Deutschland völlig neue Optionen in bezug auf ihre Standortentscheidungen.

Das alles ist nicht ganz von der Hand zu weisen. Dennoch spricht gerade unsere Erfahrung in Schleswig-Holstein gegen die These, von nun an stünde die deutsche Arbeitskraft in unmittelbarer Konkurrenz zu den Billiglohnländern Osteuropas – mit der drohenden Konsequenz massenhafter Produktionsverlagerung bei mangelnder Anpassungsbereitschaft.

Obwohl die Regierung eines Bundeslandes die allgemeinen wirtschaftlichen Rahmenbedingungen nur begrenzt beeinflussen kann, haben wir in Schleswig-Holstein auf regionaler Ebene, gewissermaßen »en miniature«, eine aktive Standortpolitik entwickelt. Wir haben die Instrumente unserer Wirtschaftsförderung entbürokratisiert und insbesondere nach ökologischen Kriterien neu ausgerichtet. Wir haben Innovationszentren an den Fachhochschulen eingerichtet, um die schnellere Umsetzung von Forschung in marktfähige Produkte zu gewährleisten. Wir sind dabei, die öffentliche Verwaltung unter den Gesichtspunkten Kostenrechnung, Dienstleistungsqualität und Vereinfachung zu reformieren.

Der Erfolg ist bereits meßbar. Bei der Arbeitslosigkeit liegt Schleswig-Holstein inzwischen unter dem Bundesdurchschnitt. Unsere Wirtschaft ist in den letzten Jahren schneller als anderswo in Deutschland gewachsen und hat sich außerordentlich differenziert. Seit 1988 haben wir rund 80000 neue Arbeitsplätze hinzugewonnen. Wir haben uns im Ländervergleich aus dem unteren Drittel in die Spitzengruppe hochgearbeitet. In einer Untersuchung des Deutschen Instituts für Urbanistik, Berlin, haben 2000 Manager und Unternehmer das Wirtschaftsklima in Schleswig-Holstein auf Platz zwei in ganz Deutschland gesetzt – obwohl ich in bezug auf meine Sicht der Standortdebatte nie ein Blatt vor den Mund genommen habe. Wir sind beim Länderfinanzausgleich, wenn auch knapp, in den Club der Geber-Länder aufgestiegen. Und wir wissen: Einige Nestflüchter kommen zurück, weil Verläßlichkeit, Schnelligkeit, Verkehrsleistung, Verwaltungsservice bei uns zwar teurer, aber auch pünktlich, berechenbar und – vor allem – unbestechlich sind. Der Standort Schleswig-Holstein ist also, soweit es in den Kräften der Landesregierung steht, für die Zukunft gut gerüstet.

Deshalb war die Öffnung Osteuropas für Demokratie und Marktwirtschaft für uns auch keine Bedrohung, sondern eine Chance. Die Nord-Erweiterung der Europäischen Union hat Schleswig-Holstein aus seiner bisherigen Randlage befreit. Rund um die Ostsee formiert sich ein europäischer Entwicklungsraum, der eine enorme Dynamik erwarten läßt. Ostsee-Politik unter Einschluß der baltischen und osteuropäischen Länder ist aktive Standortpolitik für Schleswig-Holstein. Wir drängen daher auf stärkere Kooperation der Ostsee-Anrainer auf nationaler Ebene und entwickeln auf regionaler Ebene ein Netzwerk von kulturellen, wissenschaftlichen und wirtschaftlichen Beziehungen kreuz und quer über die Ostsee. Die Landesbank Schleswig-Holstein spannt von ihren Hauptstandorten Kiel und Kopenhagen aus ihr Netz mit Vertretungen in den Ostsee-Anliegerstaaten. In Tallinn und Danzig ist sie bereits vertreten, andere wichtige Standorte werden dazukommen. Wir versuchen, die EU-Programme aktiv zu nutzen, die – aus guten Gründen – eine grenzüberschreitende Zusammenarbeit als Voraussetzung haben.

Wir beteiligen uns am Aufbau einer Verkehrsinfrastruktur im Ostseeraum, die den Norden und Osten mit dem Westen Europas verknüpft. Wir begrüßen deshalb den Bau der großen Ostsee-Querungen zwischen Schweden, Dänemark und Deutschland. Wir prüfen den Bau einer Brücke auf der Vogelfluglinie zwischen Fehmarn und Lolland. Wir treiben den Bau der Ostsee-Autobahn, einer vierten Elbtunnel-Röhre in Hamburg sowie einer zusätzlichen Elbquerung auf Straße und Schiene westlich von Hamburg voran. Auch der personellen Infrastruktur gilt das besondere Augenmerk der Landesregierung. Die Stärkung der Fachhochschulen und Universitäten mit Steuer- und mit Eigenmitteln hat höchste Priorität, besonders der Auf- und Ausbau der technischen Fachbereiche. Und dann ist da noch die institutionelle Infrastruktur. Durch Initiativen im Bundesrat und auf Landesebene versuchen wir die Institutionen flexibler zu gestalten, den öffentlichen Dienst leistungsorientierter zu machen, neue Kooperationsformen zwischen Staat, Wirtschaft und Gemeinwirtschaft zu finden. Schleswig-Holstein soll ein Musterland werden.

Reformpaket zum Bleiben, Kommen und Mitmachen

Das alles erwähne ich so detailliert, um zu zeigen, worüber wir in der »Standort«-Debatte diskutieren müßten. Wir brauchen eine Politik, die das Vertrauen in die Zukunftsfähigkeit der deutschen Gesellschaft wiederherstellt, unsere Stärken weiterentwickelt und unsere Schwächen überwindet. Die derzeitige Bonner Politik erreicht im Zusammenspiel mit den hartgesottenen Schwarzsehern aus Unternehmen, Verbänden und Wissenschaft das Gegenteil: Sie setzt die Stärken des »deutschen Regulierungsmodells«, seine soziale Integrationsfähigkeit, seine wirtschaftliche Leistungsbereitschaft und seine ökologische Effektivität aufs Spiel, ohne seine Schwächen zu beseitigen.

Was müßte getan werden für ein »Bündnis für Arbeit«, das seinen Namen verdient? Hierzu müssen verschiedene Ansätze zu einem wirksamen Maßnahmenbündel geschnürt werden. Einige davon wurden bereits – in anderem Zusammenhang – in den vorausgegangenen Kapiteln behandelt. Andere kommen hinzu. Es gibt keine einfachen, eindimensionalen Lösungen nach dem Motto »Kosten runter!«, sondern nur komplexe Bündelungen. Dies erlaubt es aber auch, unterschiedliche politische Zielvorstellungen miteinander zu einer umfassenden Reformstrategie zu verbinden.

Wenn wir wirtschaftliche Leistungsfähigkeit, soziale Integration und ökologische Effektivität im Zusammenspiel mit einer innovationsfördernden öffentlichen Verwaltung aufeinander abstimmen, dann verliert die Globalisierung ihre Schrecken. Wir brauchen für den »Standort Deutschland« ein Reformpaket zum Hierbleiben, zum Hierherkommen und Mitmachen. Wenn wir das realisieren, wird die Diskussion um die »Auswanderung der Arbeit« bald der Vergangenheit angehören.

Runter mit den Lohnnebenkosten!

Der Faktor Arbeit ist – wie im dritten Kapitel bereits anklang – in Deutschland tatsächlich zu teuer geworden. Ich meine damit nicht die Horrorvision, die in der Globalisierungsdebatte immer wieder ausgebreitet worden ist: daß im Zeitalter globaler Vernetzungen jede Arbeitsleistung zu einem Bruchteil des deutschen Preises von überall her bezogen werden kann. Den berühmten Bauingenieur in Indien, der nachts an seinem Computer sitzt und aus der Multimedia-Steckdose den Auftrag bekommt, für Böhnebüttel in Schleswig-Holstein einen Bebauungsplan zu erstellen, halte ich – vorerst jedenfalls – für eine Schimäre. Aber ein Teil der lohnintensiven Produktion wird in Niedriglohngebiete abwandern. Das ist nicht zu verhindern. Andere Arbeiten aber bleiben hier, weil sie nur hier verrichtet werden können und weil die Lohnkonkurrenz nicht das einzig entscheidende Kriterium bei der Standortwahl ist.

Dennoch müssen wir uns Gedanken darüber machen, wie wir den Faktor Arbeit in jenem Bereich der Wirtschaft, in dem international Faktorkonkurrenz besteht, stärken können. Damit meine ich ausdrücklich nicht die Löhne und Gehälter, schon gar nicht die Netto-Einkommen der Beschäftigten. Seit 1990 ist die Kaufkraft der Arbeitnehmerhaushalte nämlich schon um 4,5 Prozent gesunken. Dies schlägt sich in einer Dauerkrise des Einzelhandels bei den Gütern des täglichen Lebens nieder, während Luxusläden florieren. Der Massenkonsum stagniert oder geht sogar zurück. Dies hat negative Auswirkungen auf die Gesamtwirtschaft. Wer an dieser Schraube weiterdrehen will, sei an das so banale wie offenbar selbst für einige professorale Wirtschaftsweise schwer zu begreifende Wort von Henry Ford erinnert: »Autos kaufen keine Autos.«

Das Hauptproblem ist: Die Löhne sind in den letzten Jahren auf dem erreichten Niveau stehengeblieben, während die Arbeitskosten wegen der unkontrollierten Zunahme der Lohnnebenkosten kräftig gestiegen sind. Auf jede Mark Arbeitslohn sind weitere 40 Pfennig Lohnnebenkosten von Gesetzes wegen zu zahlen. Am stärksten sind die Beiträge zur Renten- und Arbeitslosenversicherung gestiegen. Ich will an der paritätisch finanzierten Vorsorge für Alter, Krankheit und Arbeitslosigkeit keineswegs rütteln. Aber es gibt hier einen Etikettenschwindel, der nicht länger hinzunehmen ist. Wenn die Bundesanstalt für Arbeit in Nürnberg mehr als 40 Prozent ihres Beitragsaufkommens – etwa 35 Milliarden Mark – für eine allgemeine Arbeitsmarktpolitik aufwendet, dann hat das mit der Versicherung gegen Lohnausfall durch Arbeitslosigkeit wenig zu tun.

Auch hier – um Mißverständnisse zu vermeiden – eine Klarstellung: Ich bin sehr für Maßnahmen der aktiven Arbeitsmarktpolitik, für Umschulungs-, Qualifizierungs- und Beschäftigungsprojekte. Ich bin sogar dafür, diese Projekte auszubauen und zu reformieren (Kapitel 2). Aber ich bin nicht dafür, daß diese versicherungsfremden Zwecke durch Versicherungsbeiträge der Arbeitnehmer und Arbeitgeber finanziert werden. Die versicherungsfremden Leistungen der Sozialversicherungen summieren sich auf rund achtzig Milliarden Mark im Jahr, die allein aus Beitragszahlungen aufgebracht werden. Und genau das hat die Beiträge in den letzten Jahren so hochgetrieben. Wir müßten nicht dauernd über die Krise der Rentenfinanzierung und des Gesundheitswesens reden, wenn die Ursachen abgestellt würden.

Es gilt also, strenger zwischen beitragsfinanzierten Versicherungen auf der einen Seite und Sozialleistungen auf der anderen Seite zu trennen. Die Sozialleistungen sind Ergebnis eines für alle Bürgerinnen und Bürger verbindlichen politischen Entscheidungsprozesses und müssen deshalb von der Gesellschaft insgesamt finanziert werden – also über Steuern, die alle aufbringen, auch Beamte, Freiberufler, Bundestagsabgeordnete und Ministerpräsidentinnen. Wir bürden dem Faktor Arbeit Lasten auf, die dort nicht hingehören. Wenn wir die Arbeitskosten von all jenen Positionen entlasten, die von allen Bürgerinnen und Bürgern – und nicht nur von den Arbeitnehmern und Arbeitgebern – zu zahlen sind, können wir die Sozialversicherungsbeiträge deutlich senken. Das vermindert die Arbeitskosten, drückt die Lohnstückkosten und erhöht die betriebliche Wettbewerbsfähigkeit.

Reform der Unternehmenssteuern

Es ist – im besten ordnungspolitischen Sinne – Aufgabe des Staates, für eine angemessene Preisrelation der Produktionsfaktoren zu sorgen. Wenn wir Arbeit durch Senkung der Lohnnebenkosten spürbar billiger machen wollen, dann muß das Geld für politisch gewollte, bisher beitragsfinanzierte Sozialleistungen woanders herkommen. Ich gehöre nicht zu denen, die glauben, man könne es sich in der Bundesdruckerei holen. Das Geld für die Entlastung der Arbeit kann nur durch Belastung eines anderen Faktors aufgebracht werden. Und ein Faktor ist auch in Deutschland immer noch viel zu billig: der Verbrauch natürlicher Ressourcen und die Belastung der Umwelt.

Umwelt gibt es nicht kostenlos. Deshalb müssen Umweltbelastung und Ressourcenverbrauch in der betriebswirtschaftlichen Kostenrechnung zu Buche schlagen. Wenn wir alle nicht erneuerbaren und nicht unendlich verfügbaren Energieträger Schritt für Schritt durch eine Steuer verteuern, können wir die Sozialversicherungen entlasten und die Arbeit billiger machen. Und damit forcieren wir gleichzeitig den dringend nötigen ökologischen Umbau der Wirtschaft.

Wer meint, es sei mal wieder nicht der richtige Zeitpunkt für eine ökologische Steuerreform, dem kann ich nur sagen: Weiß die Klimakatastrophe, daß sie ungelegen kommt? Weiß die Ozonschicht, daß sie nicht ohne Rücksicht auf unsere Konjunkturzyklen schwinden darf? Niemand kann – trotz aller aufwendigen Computer-Simulationen – mit letzter Sicherheit voraussagen, wie sich unser heutiger Ressourcenverbrauch auf die künftigen Lebensbedingungen der Menschen und die Funktionsbedingungen der Öko-Systeme tatsächlich auswirken wird. Aber die gegenwärtigen langfristigen Trends sind gefährlich, und wir sind mitverantwortlich für die Gestaltung der Zukunft. Ich will nicht im Vertrauen auf die Selbstheilungskräfte der Natur das Risiko eingehen, daß eines Tages alles zu spät ist. Immerhin hat die EU mit ihrer Richtlinie zur Erstellung betrieblicher Öko-Audits daraus wenigstens ansatzweise Konsequenzen gezogen.

Abgesehen von diesen grundsätzlichen Erwägungen gilt folgendes: Mit der Öko-Steuer verbessern wir die Position der Arbeit im Faktor-Wettbewerb. Damit holen wir wahrscheinlich nicht die Textilproduktion nach Deutschland zurück. Und wir werden auf diese Weise immer noch nicht mit polnischen, ukrainischen oder philippinischen Löhnen konkurrieren können. Aber wir können unsere lohnkostenbedingte Wettbewerbsposition gegenüber den anderen Industrieländern verbessern. Und vor allem können wir mit mehr Energie- und Rohstoff-Effizienz in der Produktion vorn sein. Das ist nicht nur gut für die Umwelt, sondern auch gut für die Geschäfte im weltweiten Wettbewerb.

Die ökologische Steuerreform sollte strikt aufkommensneutral sein, angemessene Übergangsphasen haben und Ausnahmeregelungen für besonders empfindliche Branchen vorsehen. Dann gibt es keinen Grund, sie weiter hinauszuzögern. Je eher wir beginnen, desto schneller haben wir positive Effekte bei Arbeit und Umwelt.

Weitere Elemente einer aufkommensneutralen Unternehmenssteuerreform werden notwendig sein: Es ist nicht sinnvoll, einbehaltene reinvestierte Gewinne höher zu besteuern als ausgeschüttete. Wir sollten deshalb die Besteuerung ausgeschütteter Gewinne etwa auf das amerikanische Niveau erhöhen und die Anrechenbarkeit der Gewinnsteuern auf die Einkommensteuer einschränken – nicht so radikal wie in den USA, sondern beispielsweise mit Freibeträgen für Kleinaktionäre. Wir könnten bei den Doppelbesteuerungsabkommen vom deutschen Freistellungsprinzip zum amerikanischen Anrechenprinzip übergehen. Wir sollten beim typisch deutschen Privileg der steuerfreien Rückstellung, das von vielen Konzernen inzwischen ausgiebig mißbraucht wird, die Kirche wieder ins Dorf holen. Und wir müssen den Mißbrauch von Leasingverträgen, Patent- und Lizenzgebühren, Scheinkrediten aus Steueroasen und sonstigen Gewinngestaltungen strikt einschränken. Wenn wir all das tun, ist genügend Geld verfügbar, um die Gewinnsteuersätze auf das international übliche Niveau herunterzufahren und dazu noch die Anspar-Abschreibungen für kleine Unternehmen kräftig aufzubessern.

Schließlich müssen wir auch die Einkommensteuer sozial ausgewogen reformieren. Dabei könnte eine Senkung des Spitzensteuersatzes auf unter 50 Prozent erfolgen, wenn gleichzeitig Steuerschlupflöcher gestopft werden. Den Vorschlag der Regierungskoalition, auf 39 Prozent herunterzugehen, halte ich – auch aus meiner Erfahrung im Haushaltsausschuß des Bundestages und als schleswig-holsteinische Finanzministerin – für unrealistisch. Vor allem muß eines klar sein: Die Vorteile der deutschen *und* der ausländischen Unternehmensbesteuerung – hohe Abschreibungen, großzügige Möglichkeiten der Gewinngestaltung und dazu noch niedrigere Steuersätze –, das alles zusammen kann man nicht haben. Man muß sich schon entscheiden.

Die im Januar 1997 von Bundesfinanzminister Waigel vorgelegten Vorschläge zur Steuerreform sind für mich und für die SPD völlig inakzeptabel. Zwar sollten Menschen mit geringem Einkommen entlastet werden – was erfreulich wäre –; dafür würden aber die Reichen und Superreichen mit einem Steuersatz von 39 Prozent verwöhnt. Die mittleren Einkommensbereiche, also die tatsächlichen Leistungsträger der Wirtschaft – die Handwerker, Facharbeiter, die fachlich qualifizierten Angestellten –, erhalten teilweise nicht nur keinerlei Entlastung, sondern müssen die entstehende Deckungslücke über die trotz aller hinhaltenden Dementis längst beschlossene Mehrwertsteuererhöhung bezahlen.

Wenn aber Angestellte, Facharbeiter und Verkäuferinnen zusätzlich belastet werden, um Einkommensmillionäre zu entlasten, ist das nicht nur sozial skandalös, sondern auch finanzpolitisch verkehrt. Wir müßten gerade die mittleren Einkommensgruppen entlasten, um die lahmende Binnennachfrage zu beleben. Die verstärkte Besteuerung der Renten und Lohnersatzleistungen ist unzumutbar und macht – zusammen mit der Mehrwertsteuer – die Entlastungen im unteren Bereich wieder zunichte. Und die Besteuerung der Nacht- und Feiertagszuschläge mißachtet das Opfer der Krankenschwestern, Polizisten und vieler anderer, die sich für uns die Nächte um die Ohren schlagen.

Gleichzeitig fehlt jede konkrete Aussage darüber, wo und wie nun eigentlich Steuerschlupflöcher gestopft werden sollen. Auch gibt es nicht einmal den Ansatz einer stärkeren Besteuerung des Energie- und Ressourcenverbrauchs oder für die Senkung der Lohnnebenkosten. So läßt sich, Herr Bundesfinanzminster, keine Steuerreform machen, die den Standort Deutschland zukunftsfähig werden läßt.

Tarifpolitik flexibler gestalten

Anders als bei den Lohnnebenkosten sind für die direkten Lohnkosten und deren mögliche Umgestaltung allein die Tarifpartner verantwortlich. Viele halten das ganze System der Kollektivverträge für überholt und erwarten, daß sich Politik hier einmischt. Manchen war die Tarifhoheit schon immer ein Dorn im Auge, weil sie ihre betrieblichen Dispositionsspielräume einschränkt. Immer mehr Unternehmer wittern seit einiger Zeit Morgenluft, kündigen ihre Verbandsmitgliedschaft auf, hoffen darauf, ohne tarifliche Bindungen in ihren Betrieben schalten und walten zu können, wie sie wollen. Hardliner auf der anderen Seite reagieren auf solche Tendenzen mit weiterer Verhärtung. Sie sperren sich gegen Flexibilisierungs- und Öffnungsversuche nach dem Motto: Wehret den Anfängen!

Tatsächlich handelt es sich hier weitgehend um Scheingefechte. Die bestehenden Tarifverträge enthalten nämlich in vielen Branchen schon heute erhebliche Spielräume für flexible Regelungen. Dennoch müssen die Tarifparteien weiter an einer Modernisierung ihrer Instrumente und Prozeduren arbeiten, wenn die Tarifautonomie nicht zwischen den starren Maximalpositionen beider Seiten zerrieben werden soll. Walter Riester, zweiter Vorsitzender der IG Metall, sagt, die heute gültigen Rahmentarifverträge spiegeln die Industriearbeit der fünfziger und sechziger Jahre wider. Diese Selbsterkenntnis ist immerhin ein hoffnungsvoller Anfang.

Moderne Tarifverträge müssen den modernen Arbeits- und Produktionsprozessen entsprechen – übrigens nicht nur in der privaten Wirtschaft, sondern auch im öffentlichen Dienst. Sonst werden sie auf Dauer weder von den Arbeitgebern noch von den Arbeitnehmern akzeptiert und damit über kurz oder lang obsolet. Wir haben es nicht nur mit einer Veränderung der objektiven Produktionsbedingungen zu tun. Wir stellen auch einen Wertewandel fest, veränderte ideelle Ansprüche der Menschen an ihre Arbeit und an die Bedingungen, unter denen sie geleistet werden soll. Arbeitnehmerinnen und Arbeitnehmern ist zunehmend wichtig, ihre Arbeitszeit soweit wie möglich selbst bestimmen zu können. Sie fordern Selbstverwirklichung am Arbeitsplatz. Dafür müssen die Freiräume geschaffen werden, wenn Engagement und Leidenschaft die Arbeit beflügeln sollen. Dies ist nicht durch Tarifverzicht zu leisten, der die Beschäftigten nur wehrlos machen würde, sondern durch flexible Formen des innerbetrieblichen Interessenausgleichs, also durch intelligente Tarifvertragsgestaltung.

Es geht also nicht darum, wie viele meinen, das innerbetriebliche Machtgleichgewicht zugunsten der einen oder anderen Seite zu verschieben. Deshalb ist es ein strategischer Fehler der Arbeitgeberseite, tarifliche Öffnungsklauseln immer nur als Öffnung nach unten zu fordern. Öffnung ist nötig, aber nicht für schlechtere, sondern für andere, zeitgemäßere, für beide Seiten interessengerechtere Regelungen. Differenzierte Probleme brauchen differenzierte Antworten. Deshalb trete ich für eine Tarifpolitik ein nach dem Motto: »Soviel Betriebsregelung wie möglich – soviel Flächentarifvertrag wie nötig!« Wenn man die Maschinenlaufzeiten verlängerte, könnten die individuellen Arbeitszeiten sogar weiter verkürzt werden, und trotzdem würden die Lohnstückkosten günstiger. Jahresarbeitszeiten und ähnliche Modelle können durch Flexibilität Kosten senken, ohne daß soziale Dämme eingerissen werden.

Dabei ist der Tarifvertrag auch in Zukunft unverzichtbar. Flächentarifverträge sind Mindestsicherungen für die abhängig Beschäftigten. Die Feststellung des Bundesverfassungsgerichts von 1991 wird auch in Zukunft gültig bleiben: Die Tarifautonomie ist darauf angelegt, »die strukturelle Unterlegenheit des einzelnen Arbeitnehmers beim Abschluß von Arbeitsverträgen durch kollektives Handeln auszugleichen«. Dieses strukturelle Ungleichgewicht kann nur von starken, selbstbewußten Arbeitnehmerorganisationen aufgehoben werden. Das Streikrecht hat in der Bundesrepublik Deutschland aus gutem Grund verfassungsrechtlichen Rang.

Gleichzeitig aber gibt es viele Fragen, die auf betrieblicher Ebene besser beantwortet werden können als in der Fläche. In allen Fragen der qualitativen Tarifpolitik, von der Arbeitszeit über die Arbeitsorganisation bis zur Beschäftigungssicherung, genügt ein allgemeiner Rahmen, innerhalb dessen die Betriebsparteien sich ihre Lösung nach Maß schneidern sollten. Das können Regelungen zur Jahresarbeitszeit ebenso sein wie Härtefallregelungen, in denen vorübergehende Abstriche beim Lohn gegen verbindliche Arbeitsplatzsicherung ausgehandelt werden. In vielen Betrieben und einigen Branchen gibt es derartige Regelungen bereits. Der Phantasie sind hier keine Grenzen gesetzt.

Innovationskraft stärken

Kostendenken allein ist noch keine innovative Unternehmensstrategie im globalen Wettbewerb. Und wenn die »Arbeitsplatz-Abbaureligion«, wie der Münchner Journalist Herbert Riehl-Heyse in einem Essay das Thema polemisch zuspitzte, tatsächlich das A und O moderner Managementphilosophie sein sollte, dann steht es schlecht um den Wirtschaftsstandort Deutschland. Denn Innovation entsteht nicht unter dem Druck ständiger Entlassungsdrohungen, nicht in einer Atmosphäre lähmender Unsicherheit und Angst, sondern nur, wenn sie von den Unternehmen selbst gewollt und gefördert wird und wenn die Arbeitnehmer den Kopf frei haben für kreatives Denken. Dafür kann und soll der Staat Hilfestellung geben.

Wir brauchen in Deutschland eine leistungsfähige Infrastruktur für Innovation, die bessere Koordinierung von Hersteller- und Anwendersektoren, Netzwerke des Ideentransfers zwischen Unternehmen, Technologiezentren und Forschungsteams. Nur die bessere Verzahnung von Forschungs-, Technologie- und Industriepolitik kann Konkurrenzfähigkeit in den High-Tech-Bereichen ermöglichen. Wir müssen Initialzündungen geben, Entwicklungen anstoßen, die einem offensichtlichen gesellschaftlichen Bedarf gerecht werden und die ökonomisch und ökologisch Erfolg versprechen.

Forschungsergebnisse müssen nicht nur erzielt, sondern auch wirtschaftlich umgesetzt werden. Wir können beispielsweise sofort eine Solar-Wende einleiten. Die Solarenergie ist, wie bereits dargelegt, die Energie der Zukunft. Sie ist ökologisch sinnvoll, sie kann wirtschaftlich erzeugt werden und weltweit zum Einsatz kommen. Setzen wir sie also endlich durch!

Der Industriestandort Deutschland muß sich mit neuen Technologien neue Märkte schaffen. Damit meine ich gerade nicht das, was im Moment mit Milliardenaufwand zwischen Hamburg und Berlin auf Stelzen gesetzt werden soll, die Magnetschwebebahn. Wir brauchen kein einzelnes Mammutprojekt, an dem sich einige Konzerne auf Steuerzahlers Kosten die Hände wärmen. Ich meine eher Beispiele wie die lokal anwendbare Meerwasserentsalzung, in der sich deutsche Firmen in den letzten Jahren zum Weltmarktführer entwickelt haben; ich meine die Photovoltaik, bei der sie vielleicht noch führend werden können.

Bei der Forschungs- und Innovationsförderung stellt sich jedoch auch die Frage, ob wir bestimmte Technologien überhaupt wollen. Nicht alles, was neu ist, muß auch gut sein. Wir dürfen ethische Grundsätze und demokratische Meinungsbildungsprozesse nicht einfach im Namen des technischen Fortschritts über Bord werfen. Eine Mehrheit der Bevölkerung will die Kernenergie aus guten Gründen nicht. Also sollten wir uns von ihr in einem geordneten, rechtmäßigen Prozeß verabschieden.

Auch bei anderen Technologien, die in der öffentlichen Debatte immer wieder als moderne Schlüsseltechnologien angepriesen werden, kann und will ich nicht vorbehaltlos in den Jubel einstimmen. Wahrscheinlich bin ich zu wertkonservativ, um für die Gentechnologie alle Schleusen zu öffnen. Ich bin skeptisch, ob wir die Risiken bei derartig weitgehenden Eingriffen in die Schöpfung wirklich abschätzen können, und trete für strikte Begrenzungen ein: Insbesondere die Veränderung menschlichen Erbgutes muß tabu bleiben.

Auch in bezug auf den Nutzen von Gentechnologie für die Nahrungsmittelproduktion bin ich aus mehreren Gründen eher reserviert. Mit viel Mühe versuchen wir die Bauern davon abzubringen, Unmengen Dünger auf ihre Äcker zu streuen und damit die Überproduktion von minderwertigen, zum Teil mit Giftstoffen angereicherten Lebensmitteln anzuheizen, die nachher auch noch für teures Geld in Lagerhäusern aufbewahrt werden müssen. Von dort werden sie dann oft zu Schleuderpreisen auf dem Weltmarkt verhökert und verderben den armen Bauern in Afrika die Preise.

Wir geben Landwirten Geld, damit sie turnusmäßig einen Teil ihrer Flächen stillegen; ein entsprechendes Programm der EU ist mit unterschiedlichem Erfolg in die Tat umgesetzt worden. Und nun sollen dieselben Landwirte mit Hilfe der Gentechnik ihre Erträge noch weiter steigern? Das ist widersinnig, kostet viel und führt auch nicht zu gesunden Lebensmitteln. Eine systematische Unterstützung der Landwirte zur Umstellung auf ökologischen Landbau ist mit Sicherheit sinnvoller. Wir könnten dadurch die Überproduktion mindern, mehr Bauern auf der Scholle halten, gesündere Nahrungsmittel anbieten und vor allem die Öko-Erzeugnisse auch für die Normalverbraucher erschwinglich machen – eine typische »win-win«-Situation, ein Positivsummenspiel.

Wir haben beim ökologischen Landbau in Schleswig-Holstein durch kontinuierliche Überzeugungsarbeit und Einführungshilfen beachtliche Fortschritte erzielt. Aber wir könnten in Deutschland insgesamt schon viel weiter sein, wenn die Bundesregierung und die EU-Kommission den Rat ernst nähmen, den der Sachverständigenrat für Umweltfragen gegeben hat: den Anteil des Öko-Landbaus an der landwirtschaftlichen Produktion deutlich zu erhöhen.

Auch gegenüber der weitverbreiteten Euphorie über die vielfältigen Segnungen der Multimedia-Welt bleibe ich eher skeptisch. Ich glaube zum Beispiel nicht, daß wir mit hundert oder noch mehr Fernsehkanälen glücklicher werden als heute. Die Propheten des schönen neuen Mobilfunk- und Internet-Zeitalters schwärmen von rund zwei Millionen neuen Arbeitsplätzen allein in Deutschland. Ich will gar nichts dagegen sagen. Aber ich habe den Eindruck, daß derartige Prognosen leichtfertig über die Rationalisierungsprozesse und Arbeitsplatzverluste hinweggehen, die an anderer Stelle durch den großflächigen Einsatz der Informationstechnologien entstehen werden.

Dennoch gibt es in diesem Sektor der Technikentwicklung Potentiale, die wir ausschöpfen und ins Land holen müssen. Informationstechniken bieten Chancen für eine kreative Kultur des Wissensaustauschs, der internationalen Kommunikation, vielleicht auch der ökologischen Entlastung. Sie überbrücken räumliche und zeitliche Distanzen, ohne notwendigerweise Verkehr zu erzeugen. Gerade ein Flächenland mit vielen »weichen« Standortqualitäten wie Schleswig-Holstein, mit weitgehend intakter, schöner Natur, differenzierter Forschungslandschaft, funktionierender öffentlicher Infrastruktur hat in diesem Bereich gute Chancen.

Dieses Beispiel zeigt aber auch, welche Möglichkeiten in einer umsetzungsorientierten Innovationsförderung stecken. Es wird bei uns erfunden »auf Teufel komm raus«, aber Patentanmeldungen und -anwendungen sind rar: Es fehlt an Mut. Der Computer ist in Deutschland erfunden worden, das Telefax-Prinzip ebenfalls. Aber die Entwicklung bis zur Serienreife und die wirtschaftliche Verwertung haben wir anderen überlassen. Eine gloriose Leistung der deutschen Industrie! Fazit: »Verpennt, verpaßt, verpatzt!«

Manche Branchen sind in den letzten Jahren ganz

aus Deutschland verschwunden – nicht weil die Arbeit zu teuer war, nicht weil es keine Nachfrage gab, nicht wegen der Dauer irgendwelcher Genehmigungsverfahren oder der angeblichen Technikfeindlichkeit der Deutschen, sondern weil sich Produzenten auf früheren Lorbeeren ausgeruht haben und glaubten, etwas Besseres als ihre angeblichen Spitzenprodukte »Made in Germany« könne es nicht mehr geben.

Ob Photoindustrie oder Unterhaltungs-Elektronik – vieles ist bei uns aufgrund schläfriger Selbstzufriedenheit verlorengegangen. So hieß es im Jahresbericht der deutschen Fahrradindustrie von 1962: »Das Fahrrad ist in seiner technischen Konzeption zu einem derart ausgereiften und bewährten Verkehrsmittel geworden, daß wesentliche Konstruktionsänderungen auch in Zukunft kaum zu erwarten sind.« Bei dieser Art von Kurzsichtigkeit ist der Optiker machtlos. Einige deutsche Fahrradhersteller haben die Kurve dann doch noch gekriegt. Heute halten sie – trotz Billigkonkurrenz – 60 Prozent des Inlandsmarktes, durch Orientierung am Kunden und High-Tech-Innovation.

Reform des Bildungssystems

Innovation kann man nicht verordnen. Sie lebt vom Ideenreichtum und der Initiative der Menschen, die es gelernt haben, sich immer wieder neuen Herausforderungen zu stellen.

Der ehemalige amerikanische Handelsminister Robert B. Reich hat in seinem vielbeachteten Buch »Die neue Weltwirtschaft« (1993) dargelegt, daß die Verteilung der Arbeit in einer globalisierten Wirtschaft entscheidend von der Fähigkeit der Menschen beeinflußt wird, gestellte Aufgaben zu lösen. Die beste Standortpolitik, so schloß er daraus, seien Investitionen in die Qualifikation der Arbeitskräfte, also in den Ausbildungsbereich.

Zugegeben, Reich hat diese Forderung vor dem Hintergrund des teilweise ziemlich heruntergekommenen Bildungssystems in den Vereinigten Staaten formuliert, das nur für die bessergestellte Bildungselite eine moderne, hochqualifizierte Ausbildung gewährleistet. In Deutschland aber haben wir – noch – eine andere Situation.

Die soziale Spaltung bei den Bildungschancen ist bei uns nicht so ausgeprägt wie in den USA. Wir haben mit dem dualen Ausbildungssystem ein bewährtes Instrument der beruflichen Bildung, das allerdings aufgrund der Ausbildungsflucht vieler Unternehmer derzeit in höchster Gefahr schwebt.

Aber auch unser Bildungssystem muß reformiert werden, um unsere Kinder und Jugendlichen auf die Welt von morgen vorzubereiten. Dabei geht es nicht um mehr Geld, sondern um andere Strukturen und neue Bildungsinhalte. In Schleswig-Holstein geben wir jede siebte Mark für Bildung aus. Bildung ist der größte Posten im Landeshaushalt. Sie ist trotz angespannter Kassenlage und der Ungewißheit über die weitere Entwicklung der öffentlichen Finanzen einer der ganz wenigen Wachstumsbereiche.

Die Bildungspolitik der ausgehenden neunziger Jahre steht vor der Herausforderung, trotz knapper Finanzen die Schulen und Universitäten zukunftsfähig zu machen. Das kann nur gelingen, wenn die Gesellschaft die Augen offenhält für das, was in ihr vorgeht:

- Immer mehr Kinder sind arm. Sie wachsen in Familien auf, die von der Sozialhilfe leben.
- Immer mehr Kinder leben nur bei einem Elternteil.
- Jedes dritte Kind zwischen sechs und acht Jahren verbringt nach Untersuchungen bis zu dreißig Stunden wöchentlich vor dem Fernseher.
- Die öffentlichen Räume, besonders in den Großstädten, sind für Kinder wegen der Gefahren des Straßenverkehrs längst unbrauchbar geworden. Es kommt zu einer »Verhäuslichung« mit entsprechender Erlebnisarmut und verstärktem Medienkonsum, usw.

Als Folge solcher Veränderungen nehmen Konzentrationsschwächen, motorische Unruhe und soziale Unempfindlichkeit bei vielen Kindern zu. Damit wird die Arbeit der Lehrerinnen und Lehrer nicht unbedingt leichter. Gleichzeitig wandeln sich Wirtschaft und Arbeitswelt in atemberaubendem Tempo. Unser Wissen veraltet immer schneller. Die Aufgabe des Bildungssystems von heute ist nicht mehr die Vermittlung von möglichst viel Wissensstoff, sondern die Befähigung der Kinder und Jugendlichen zum lebenslangen Lernen.

Dabei wird der Mediensektor eine entscheidende Rolle spielen. In absehbarer Zeit wird man interaktiv fernsehen, das heißt, technisch in Spielfilme eingreifen und die Handlung verändern können. Weltweiter Informationsaustausch wird für immer mehr Menschen zum Alltag gehören. Der Umgang mit den neuen Medien wird also in naher Zukunft bereits eine Kulturtechnik sein wie Lesen und Schreiben. Damit wird die Fähigkeit, sich der Medien sinnvoll zu bedienen, zu einer Voraussetzung für den Bestand unserer Demokratie.

Die Frage, wie ich mit den Medien verantwortungsvoll umgehe, gehört also an die Schulen wie Lesen, Schreiben, Rechnen. Das setzt natürlich auch die Möglichkeit praktischen Übens voraus. Mit dem erhobenen Zeigefinger der Pädagogen ist da wenig auszurichten. Die Lehrerinnen und Lehrer werden sich selbst – lebenslanges Lernen! – noch mehr als bisher mit diesen neuen Anforderungen vertraut machen müssen.

Das alles läßt sich nicht mit landesweiten Einheitsstrukturen bewältigen. Die Schulen und Universitäten brauchen größere Gestaltungsfreiheit und Eigenverantwortung, um auf die veränderten gesellschaftlichen Bedingungen reagieren zu können. Auch hier geht es wieder nicht um mehr Geld, sondern um veränderte, flexiblere Organisationsstrukturen. Eine von oben verordnete Schule wird den neuen Anforderungen nicht mehr gerecht; eine formell selbstverwaltete, aber in ihren Strukturen erstarrte Universität ebensowenig. Moderne Schulen und Universitäten brauchen größere inhaltliche und organisatorische Freiheiten.

Die Kollegien, Schüler- und Elternvertreter sollten – im Rahmen der allgemeinen Vorgaben des Landes – die Arbeit an ihrer Schule selbst gestalten und das pädagogische »Profil« ihrer Schule entwickeln. Dazu gehört die freie Gestaltung der Unterrichtszeiten ebenso wie die Entscheidung über fächer- und jahrgangsübergreifenden Unterricht, Projekt- oder offenen Unterricht. Auch die Entwicklung eigener Lern- und Arbeitsschwerpunkte an den Schulen ist sinnvoll. Wenn Schulen mit Nachbarschulen, mit Vereinen oder anderen Einrichtungen zusammenarbeiten wollen – warum nicht? Was spricht dagegen?

Schulen und Universitäten müssen mehr als bisher über ihre finanziellen Angelegenheiten selbst entscheiden können. Mit einem eigenen Budget sollten Schulen in eigener Kompetenz darüber befinden, wieviel Geld sie für Lehr- und Lernmittel, für Fortbildung und Schulbücherei oder für Wanderfahrten ausgeben wollen. Sie sollten letztlich auch bei der Personalauswahl ein Mitspracherecht haben. So werden sie in die Lage versetzt, flexibel auf Veränderungen in ihrem konkreten Einzugsbereich oder auf allgemeinere Veränderungen der Lebenswelt zu reagieren. Die staatliche Schulaufsicht wird in einem so reformierten Schulsystem in Zukunft weniger reglementieren und kontrollieren, als beratend und fördernd tätig sein.

Die veränderte, freiere, selbständigere Schule setzt ein anderes Leitbild des Lehrers voraus. Die Ausbildung an den Hochschulen muß viel stärker als bisher die pädagogischen Anforderungen an den zukünftigen Lehrer berücksichtigen. Wir brauchen wieder mehr pädagogisches Profil, wenn die Schule in Zeiten verschärfter sozialer Ausgrenzungsprozesse ihrem erzieherischen Auftrag gerecht werden soll, möglichst allen Kindern und Jugendlichen die Fähigkeit zu einem selbstverantwortlichen Leben zu vermitteln.

Wir dürfen nicht hinnehmen, daß sich das Bildungsgefälle in Deutschland wieder verschärft. Wir dürfen auch nicht hinnehmen, daß sich die Wirtschaft nach und nach aus der Verantwortung für die berufliche Ausbildung zurückzieht. Sie wird es irgendwann teuer bezahlen müssen, wenn ihr die qualifizierten Kräfte fehlen, die sie im weltweiten Wettbewerb dringend benötigt. Wir brauchen bundesweit kurzfristig jährlich bis zu zwei Prozent mehr Ausbildungsplätze. Erst für die Zeit nach dem Jahr 2006 wird ein leichter Rückgang erwartet.

Entweder die Wirtschaft schafft es, diese Plätze innerhalb des bisherigen dualen Systems oder über ein überbetriebliches Kammersystem bereitzustellen, oder wir müssen zum Instrument der Ausbildungsumlage greifen, bei der alle nicht ausbildungswilligen Betriebe mit Abgaben belegt werden. Die müssen dann allerdings so hoch angesetzt werden, daß die Betriebe sich nicht – ähnlich wie bei der Behindertenabgabe – einfach von ihrer Ausbildungspflicht loskaufen können. Damit freilich hätte, wie der Präsident der Industrie- und Handelskammer zu Kiel, Fritz Süverkrüp,

Ende des Jahres 1996 feststellte, die Wirtschaft ein weiteres Stück Selbstverantwortung verspielt, »und so bitter es auch klingt, sie hätte es in diesem Fall nicht besser verdient«.

Wir dürfen vor allem nicht hinnehmen, daß die Universitäten für die Studenten immer mehr zu Orten der Hoffnungs- und Orientierungslosigkeit werden. Aber auch hier brauchen wir keine bundeseinheitliche Reform von oben, mit rigiden Regelstudienzeiten und allen möglichen Disziplinierungsversuchen, wie es die derzeitige Regierungskoalition diskutiert.

Reduzierte Studienförderungen und wieder eingeführte Studiengebühren sind Instrumente der sozialen Auslese. Wenn wir auf diesem Weg weitergehen – bis wohin? –, leisten wir einer Refeudalisierung der universitären Ausbildung Vorschub, die dann nur den Kindern reicher Eltern, nicht aber den begabtesten und motiviertesten Jugendlichen offensteht. Damit zerstören wir jene unbestreitbaren Erfolge der Bildungsreform in den siebziger und achtziger Jahren, die vor allem von Sozialdemokraten konzipiert und durchgesetzt worden sind.

Wir dürfen in der Bildungspolitik nicht den sozialen Rückwärtsgang einschalten, sondern müssen unsere Bildungseinrichtungen und -inhalte zukunftsfähig machen. Im Hochschulbereich brauchen wir eine Stärkung der universitären Selbstverantwortung, eine Profilierung und Diversifizierung der Studienangebote an den verschiedenen Standorten, Fakultäten und Instituten. Natürlich ist an den Hochschulen manche durch den Professorenstatus geschützte »Gemütlichkeitsnische« auszuräumen, stellen Leistungskriterien für Hochschullehrer und Dozenten keine unbotmäßige Majestätsbeleidigung dar. Ich habe auch nichts dagegen, wenn verstärkt Geld aus der Wirtschaft durch Auftragsarbeiten oder drittmittelfinanzierte Projekte an die Universitäten fließt. Wir sollten vielmehr nach Wegen suchen, wie die finanziellen Spielräume an den Universitäten durch Spenden, Stiftungen und andere Zuwendungen erweitert werden können.

Aber entscheidend ist die inhaltliche Reform der Studiengänge, sind größere Dispositionsspielräume der Universitäten in der Personalpolitik, damit mehr außeruniversitäre Kompetenz an die Universitäten verpflichtet werden kann. Wichtig wäre eine systematische Theorie-Praxis-Verzahnung durch Praktika, Volontariate und Projektarbeit bereits während des Studiums. Dies vermeidet den »Praxis-Schock« beim Übergang zur Berufstätigkeit, bietet den Studierenden eine Orientierungshilfe für ihre persönliche Perspektive und erleichtert ihnen die Stellensuche nach dem Examen.

All dies geschieht im Moment nicht oder aber viel zuwenig. Die Bundesregierung baut Bildungspolitik ab und Bildungsprivilegien auf. Die Industrie fährt die berufliche Ausbildung herunter, weil sie anscheinend glaubt, sie könne die benötigten Qualifikationen auf Dauer direkt vom Arbeitsmarkt kaufen. Wie kurzsichtig! So wird nicht nur die Zukunft unserer Jugend verspielt, sondern auch die des »Standorts Deutschland«. Wir brauchen daher eine neue Bildungs- und Ausbildungsoffensive, die alle Bereiche des Ausbildungssystems umfaßt und allen Kindern und Jugendlichen die Möglichkeit bietet, sich entsprechend ihren Begabungen und Interessen auf die Welt von morgen vorzubereiten.

Öffentliche Verwaltung modernisieren

Viele Großunternehmen haben in den letzten Jahren ihre Organisationsstrukturen erneuert: Bestehende Steuerungs- und Arbeitsformen wurden verändert. Sie haben dadurch ihre Kosten gesenkt und ihre Produktivität gesteigert. Das kann und muß auch im öffentlichen Sektor geschehen. Denn die öffentliche Verwaltung hat ein Kosten-Produktivitäts-Problem.

Der öffentliche Dienst muß flexibler, kostengünstiger, effektiver arbeiten. Dafür sind flachere Hierarchien und beweglichere Organisationen erforderlich. Aufgesplitterte Zuständigkeiten und eine formalistische Geschäftsverteilung behindern eine optimale Nutzung der vorhandenen Personalressourcen. Noch ist die Arbeitsweise im öffentlichen Dienst mehr an der Prozedur als am Ergebnis orientiert. Das muß anders werden!

Wir können viele Erfahrungen der Privatwirtschaft bei der Reorganisation ihrer Strukturen für den öffentlichen Dienst nutzbar machen. So muß die dringend erforderliche Reform des öffentlichen Dienstrechts einen flexibleren Einsatz von Mitarbeiterinnen und Mitarbeitern ermöglichen, seien sie beamtet oder angestellt, mit Führungs- oder mit nachgeordneten Verwaltungsaufgaben betraut. Der öffentliche Dienst braucht auch mehr Kostentransparenz. Das überkommene Haushaltsrecht mit seiner kameralistischen Buchhaltung taugt nicht mehr für eine effiziente Steuerung des Mitteleinsatzes und spiegelt nicht die tatsächlichen Kosten wider.

Eine moderne Verwaltung sollte Entscheidungen möglichst weit nach »unten«, auf die Ebene der jeweiligen Fachkompetenz, delegieren. Die politische Führung muß die Ziele setzen, ein Budget zur Verfügung stellen und die Zielverwirklichung kontrollieren. Aber sie muß gleichzeitig dezentralisieren, Verantwortung delegieren, die Voraussetzungen für eine flexible, leistungsorientierte Personalpolitik schaffen. Nur so kann der Staat für Bürgerinnen und Bürger und für die Wirtschaft zu einem effizienten und akzeptierten Dienstleister werden.

Gesetzgebung verbessern

Es besteht kein Zweifel: Die Mühlen der Bürokratie mahlen allzuoft ziemlich langsam. Aber entscheidend sind die Strukturen, unter denen gearbeitet werden muß. Wer die Behörden kritisiert, darf aber den Gesetzgeber nicht ungeschoren lassen. Die Fülle der Regelungen und die Häufigkeit, mit der sie geändert werden, bestimmen die Arbeitslast in den öffentlichen Verwaltungen ganz wesentlich mit. Dadurch wird manches nicht nur umständlich und vielfach selbst für Insider undurchschaubar, sondern auch teuer. Auf diese Weise entsteht ein Kostenfaktor, dessen Dimension wir nur ahnen können.

Es ist beileibe kein Naturgesetz, daß bürokratische Vorschriften und Regelungen immer weiter wuchern. Aber wenn wir das nicht wollen, müssen wir bereit sein, mehr Eigenverantwortlichkeit des Bürgers zuzulassen – auch dann, wenn es einmal negative Folgen haben sollte. Der Staat kann die Normregelung nicht aufgeben. Aber er muß nicht alles bis ins kleinste Detail normieren. Wir brauchen einen goldenen Mittelweg zwischen staatlichen Vorschriften und Kontrollen einerseits und der Eigenverantwortung des Bürgers andererseits.

Soziale Gerechtigkeit wahren

Unser Gemeinwesen zeigt deutliche Symptome von Orientierungslosigkeit, Gleichgültigkeit und zunehmendem Egoismus, wie im Eingangskapitel ausführlich dargestellt. Es gibt eine Erosion an den gesellschaftlichen Rändern, und mit bedrückender Dynamik werden immer mehr Menschen an den Rand gedrängt.

Obwohl der Staat jährlich über tausend Milliarden Mark für die soziale Sicherung ausgibt, kann er soziale Sicherheit im klassischen Sinne für Millionen Menschen nicht mehr gewährleisten, weil die Grenze der finanziellen Belastbarkeit erreicht ist.

Ein Erfolgsrezept des »Modells Deutschland« in den vergangenen Jahrzehnten war das entwickelte System der sozialen Sicherheit. Nicht jeder bekam gleich viel, aber alle konnten an den Zuwächsen teilhaben. Das hat sich in den letzten Jahren geändert. Ein Viertel der Bevölkerung ist von Armut betroffen oder bedroht. Dies wirkt negativ auf Lebensgefühl und Leistungsmotivation der Menschen zurück – auch derjenigen, die aktuell noch nicht von Arbeitslosigkeit betroffen sind.

Der Sozialstaat war und ist ein positiver Standortfaktor. Er braucht heute aber mehr Effizienz und andere Strukturen. Ich will keine Gesellschaft, in der sich die Wohlhabenden eines Tages hinter den Mauern der »gated communities« verschanzen, wie John Kenneth Galbraith die Reichenghettos in den USA nennt. Wir brauchen soziale Gerechtigkeit und keine schwarzen Sheriffs. Wir müssen die Transferleistungen überprüfen, ob sie noch genau genug gezielt sind. Da gibt es Korrekturbedarf – zu Lasten der gutsituierten Mitnehmer und zugunsten der Schwächsten. Wenn wir den Sozialstaat auf diese Weise auf eine neue Grundlage stellen, wird das auch der Wirtschaft zugute kommen.

5. Kapitel

Die Reform des öffentlichen Dienstes

»Der Mensch ist unfähig,
Wahrheiten zu erkennen,
wo er gegenteilige
Programmierungen hat.«
Konrad Lorenz

Ich weiß nicht, ob es in Deutschland zu irgendeinem Thema schon so viele Kommissionen gegeben hat wie zur Reform des öffentlichen Dienstes. Das Thema ist fast so alt wie die Verwaltung selbst. Den Grund dafür könnte man heute kaum besser formulieren, als es das Großherzogliche Innenministerium von Baden im Jahre 1912 getan hat: »Unsere wirtschaftlichen Verhältnisse sind verwickelt geworden. Dieser Gang der Dinge stellt den Staat und seine Behörden ständig vor neue Aufgaben. Es müssen die überkommenen Einrichtungen und Vorschriften den modernen Verhältnissen angepaßt und auch völlig neue Vorschriften erlassen werden. Dabei ist auch die Entwicklung auf manchen Gebieten eine so rasche, daß eine Neuregelung oft nach kurzer Dauer durch das praktische Leben wiederum überholt ist und abermals der Umformung bedarf.«

Wirtschaftliche und soziale Veränderungen vollziehen sich auch heute mit hoher Geschwindigkeit, während sich der öffentliche Sektor in seinen Grundstrukturen seit mehr als hundert Jahren kaum verändert hat. Was zu Zeiten der preußischen Verwaltungsreform fortschrittlich war, die Herstellung geordneter, verläßlicher Verwaltungsvollzüge, die Installation eines – zumindest der Theorie nach – unbestechlichen, interessenneutralen, nur dem im Staat verkörperten Allgemeinwohl verpflichteten Berufsbeamtentums, erweist sich heute unter vielen Aspekten als unzeitgemäß, wenig leistungsfähig und generell reformbedürftig.

Es gehört mittlerweile geradezu zum Umgangston bei allen, die nicht selbst im öffentlichen Dienst arbeiten, über die angebliche Schwerfälligkeit, Unfähigkeit oder Dickfelligkeit der Behörden zu lästern. Beamte leiden darunter, daß die Bezeichnung Beamter schon fast zum Schimpfwort, zu einem Synonym für Sturheit, Initiativ- und Ideenlosigkeit, ja sogar Faulheit geworden ist. Der Stammtisch amüsiert sich köstlich über den Amtsschimmel, wenn eine Geschichte wie die vom Fährmann in der Zeitung steht: Diebe haben ihm steuerbegünstigten Diesel aus dem Tank gezapft, und der arme Schiffer soll nun nachträglich Steuern dafür bezahlen – weil der begünstigte Zweck ja verfehlt worden ist. Unternehmer erzählen gern, daß sie von der »sturen« Bürokratie andauernd behindert, wenn nicht sogar vertrieben werden – hin nach Polen, Tschechien, Indien oder Malaysia, weil dort die Behörden ja, wie man weiß, viel schneller, kompetenter und unbürokratischer arbeiten. Jeder kennt so einen Fall, wo eine pedantische Behörde oder ein inkompetenter Politiker diese Vorurteile bestätigt hat – oder wo es jedenfalls auf den ersten Blick so aussieht und sich so schön erzählen läßt.

Zweifellos sind diese Urteile und Vorurteile gegenüber der Masse der Beschäftigten im öffentlichen Dienst ungerecht. Sie sind so fleißig und verantwortungsbewußt wie andere Beschäftigte auch. Dennoch ist das Thema ernst und dringend. Staat und Verwaltung müssen aus vielen Gründen reformiert werden:

- Ohne eine umfassende Modernisierung können wir den Staat bald nicht mehr bezahlen und verlieren damit unsere politische Handlungsfähigkeit.
- Ohne einen gründlichen Umbau hin zu mehr Effizienz und Transparenz verlieren die öffentlichen Institutionen noch mehr an Ansehen und Akzeptanz in der Bevölkerung. Und dies gefährdet letztlich unsere demokratische Ordnung.
- Ein Staat, der nicht mehr gestalten kann, der nicht akzeptiert, sondern belächelt oder gar verachtet wird, ist ein Standort-Handicap. Die Modernisierung der Verwaltung und des gesamten öffentlichen Sektors dagegen ist ein wichtiger Beitrag zur Revitalisierung von Wirtschaft und Gesellschaft.

Dabei geht es weniger um die Veränderung der Großstrukturen. Die vielfach vorgeschlagene Länderneugliederung, etwa der immer wieder in die Debatte gebrachte »Nordstaat«, zu dem sich – je nach Interessenlage in wechselnden Kombinationen – die nördlichen Bundesländer und Stadtstaaten zusammenschließen sollen, mag theoretisch eine höhere Effizienz versprechen. Aber ein derart riesiger Flächenstaat – der von Flensburg bis Göttingen und von Emden bis Stralsund reicht – würde regionale Zwischenstrukturen einziehen müssen, die den möglichen Einspareffekt größtenteils wieder aufheben dürften. Die bisherigen Regierungsbürokratien werden dann eben umgewandelt in Regionalverwaltungen, die genauso bezahlt werden müssen. Und daß die Entscheidungswege auf diese Weise kürzer werden, bezweifle ich sehr.

Im Zusammenhang mit der Fortentwicklung der Europäischen Union diskutieren wir über die Notwendigkeit einer stärkeren Regionalisierung in dem großen, gemeinsamen Europa. Die föderalen Strukturen in Deutschland bieten dafür günstige Ansatzpunkte, um die uns andere Staaten beneiden. Die Menschen identifizieren sich eher mit ihrer Region als mit fernen Zentralen, die für sie im Alltag unerreichbar sind. Deshalb bin ich bei der Diskussion um die Länderneugliederung, so wenige Jahre nach der Wiedervereinigung, sehr zurückhaltend. Der wichtigste Grund aber ist: Diese Diskussion trifft nicht den Kern des Problems. Die öffentliche Verwaltung in Deutschland krankt an ganz anderen Dingen als an der derzeitigen Länderstruktur.

Neues Verständnis öffentlicher Dienstleistung

Der Modernisierungsbedarf liegt nicht nur im gestiegenen und berechtigten »Kunden«-Anspruch. Viele Aufgaben sind so kompliziert geworden, und so viele neue Aufgaben sind hinzugekommen, daß die althergebrachten Formen von Planung, Steuerung und Vollzug nicht mehr überall funktionieren. Man kann das Genehmigungsverfahren für eine Chemiefabrik nicht managen wie den Bau einer Dorfstraße. Und selbst die ist nicht mehr so leicht zu verwirklichen wie noch vor zwanzig Jahren.

Komplexe Aufgaben erfordern qualifiziertes und kompetentes Personal. Und das verlangt attraktive Arbeitsbedingungen – mit Gestaltungsspielraum und Verantwortung, mit angemessener Bezahlung und beruflichen Entfaltungsmöglichkeiten. Wir dürfen nicht in einen Teufelskreis geraten: Weil der öffentliche Dienst nach antiquierten, unattraktiven und persönlich unbefriedigenden Methoden arbeitet, bekommt er keine kreativen, leistungsfähigen und verantwortungsbereiten Mitarbeiterinnen und Mitarbeiter – und weil er die nicht bekommt, kann er sich nicht modernisieren ...

Veränderungen fangen immer im Kopf an. Unser öffentliches Dienstrecht spiegelt in vieler Hinsicht ein vordemokratisches Bewußtsein über das wechselseitige Verhältnis von Staat und Bürger wider. Es geht letztlich davon aus, daß die Bürgerinnen und Bürger samt und sonders verständnislos sind, daß sie nicht wissen, wie sie sich richtig, also vorschriftsmäßig, verhalten sollen. Eigentlich müssen sie bei allem, was sie tun, beaufsichtigt, kontrolliert und angeleitet werden, damit alles nach Recht und Ordnung geht, niemand sich einen kleinen Vorteil erhascht und keine Vorschrift mißachtet wird, die doch aus gutem Grund erlassen worden ist.

Das führt dann zu Beispielen wie jener Familie, die einen zuvor unbewohnbaren Nebenraum in ihrem Haus für ihren Sohn ausbauen wollte, damit der mit seinem Rollstuhl dort selbständig hineinfahren kann. Das Kleinkind hatten die Eltern immer die Treppe heruntergetragen. Aber mit dem Jugendlichen war das nicht mehr möglich. Und der Junge hatte den verständlichen Wunsch, ohne Hilfe anderer Personen das Haus verlassen oder betreten zu können. An der Räumlichkeit fehlten drei Zentimeter zur vorgeschriebenen Mindesthöhe für Wohnräume: Antrag abgelehnt! Obwohl der Junge im Rollstuhl sitzt und gar nicht mit dem Kopf anstoßen kann. Die Entscheidung mag verrückt erscheinen, aber sie beruft sich auf eine Regel, die einen guten Grund hat: daß man einem Menschen keinen Wohnraum zumuten darf, der nicht eine bestimmte Deckenhöhe aufweist.

Anstatt solche Vorschriften als Spielregeln für den Einzelfall zu konzipieren, war hier ein Angehöriger des öffentlichen Dienstes angehalten, streng nach Vorschrift eine inhumane, bürokratische, herzlose Entscheidung zu treffen. Damit ist er zwar dem Buchstaben des Gesetzes gerecht geworden, aber nicht seinem Auftrag, eine Dienstleistung für die Gesellschaft zu erbringen. So etwas paßt nicht mehr in eine demokratische Gesellschaft, die nicht bevormundet werden will, sondern durch die selbständige Entscheidungsfähigkeit ihrer Bürgerinnen und Bürger mit Leben gefüllt wird.

Aber wenn wir den alles reglementierenden und kontrollierenden Obrigkeitsstaat nicht mehr wollen, müssen wir auch die unbequemen Konsequenzen daraus ziehen. Es geht nicht an, daß alle Welt über Allergien jammert, gleichzeitig wie eh und je die Luft verpestet und so tut, als ob die Allergien vom Himmel fielen – und dann den Staat erwartungsvoll anguckt und fordert: Tu was! Der moderne Staat kann die Bürgerinnen und Bürger nicht mehr wie unschuldige Kinder behandeln, die zum erstenmal feststellen, daß ihr Tun Folgen hat. Schluß mit dem Obrigkeitsstaat! heißt eben auch: Schluß mit dem freundlich bemutternden Staat, der den Menschen alle Verantwortung für sich und andere abnimmt! Jeder weiß, daß Umweltverschmutzung die eigene und die Gesundheit anderer gefährdet. Wenn es jemand trotzdem über die Maßen tut, sollten ihm keine freundlichen Mahnschreiben oder gar nachsorgende Mitarbeiter der Umweltbehörde ins Haus geschickt werden, sondern Polizei und Staatsanwalt.

Es geht um ein neues Verständnis von öffentlicher Dienstleistung. Der öffentliche Dienst der Zukunft muß sich als Dienstleister in einer demokratischen Gesellschaft verstehen, der seine vielfältigen, komplexen Aufgaben sachgerecht, schnell und kostengünstig erledigt. Dabei sollten nach meiner Einschätzung folgende Grundsätze gelten:

Effizienz ist wichtiger als die Rechtsform. Manche Aufgaben können sinnvoller durch Verwaltungshandeln, manche sinnvoller in privatwirtschaftlicher Form erledigt werden. Die Diskussion über Privatisierung öffentlicher Einrichtungen ist dagegen nachgeordnet.

Ein gutes Ergebnis ist wichtiger als formale Verfahrensabläufe. Dies ist kein Freibrief für Verwaltungswillkür, sondern eine Umstellung der Arbeitsprozesse hin zu mehr Flexibilität, Delegation von Verantwortung, flachen Hierarchien und anderen Elementen, die in der Privatwirtschaft schon lange praktiziert werden.

Kostenrechnung statt Kameralistik. Was kostet der öffentliche Dienst? Wir wissen es bisher nur in groben Zügen, zum Beispiel aus den Haushaltsansätzen der Ministerien, aber nicht in bezug auf konkrete Arbeitsabläufe. Wieviel kostet zum Beispiel die Rede eines Ministers, einer Ministerpräsidentin? Oder eine durch die Instanzen wandernde Akte? Wir wissen es bis heute nicht genau.

Das Engagement der Beschäftigten ist wichtiger als ihr arbeitsrechtlicher Status. Der Status des Berufsbeamtentums steht einer Reform des öffentlichen Dienstes entgegen. Wir brauchen weniger hoheitliches Handeln, statt dessen mehr Leistungsanreize, Flexibilität und Dienstleistungsbereitschaft.

Einige praktische Schritte

In Schleswig-Holstein haben wir die Verwaltungsmodernisierung zu einem Regierungsschwerpunkt erklärt. Dies geht, solange die längst überfällige Reform des öffentlichen Dienstrechts durch den Bund aus Rücksicht auf die Lobbygruppen der Beamten nicht wirklich angepackt wird, natürlich nur in den engen Grenzen, die dem eigenständigen Handeln auf Länderebene gezogen sind. Dennoch hat sich gezeigt, daß wir eine Menge erreichen können, wenn die Beschäftigten stärker in den Diskussionsprozeß einbezogen werden. Die Beschäftigten im öffentlichen Dienst sind keineswegs weniger motiviert als die in der Privatindustrie. Eine Untersuchung des Rechnungshofs von Baden-Württemberg hat bestätigt, daß die Menschen einen Arbeitsplatz haben wollen, den sie als sinnvoll empfinden und in dem sie anerkannt werden. Das Geld kommt erst viel später. Unsere Erfahrungen in Schleswig-Holstein bestätigen diese Aussagen.

An den Menschen liegt es nicht, wenn wir mit der Reform nur schleppend vorankommen, sondern an den Blockaden aus Bonn. Natürlich war es zunächst ungewohnt, und manche haben mit Ablehnung und Angst auf Neuerungen reagiert, die in der Privatwirtschaft längst zum Alltag gehören. Wir haben deshalb die Personalräte von Anfang an in den Reformprozeß einbezogen und vor allem zugesichert, daß es dabei nicht um Entlassungen geht, sondern um höhere Leistungsfähigkeit und Arbeitszufriedenheit. Wir haben die Diskussion auf vier Punkte konzentriert, die uns unter den gegebenen Rahmenbedingungen am wichtigsten erschienen: Aufgabenkritik, neue Organisations- und Steuerungsformen, Vereinfachung der Verwaltungsverfahren und moderne Personalpolitik.

Aufgabenkritik: Müssen wir alles machen, was wir tun? Der Verwaltungslehrling lernt bisher als erste Grundregel: Zuerst die Zuständigkeit prüfen! Diese Denkungsart gehört sicher mit zu den Problemen des öffentlichen Dienstes. Aber die öffentliche Verwaltung insgesamt verfährt bisher eher nach dem Gegenteil: Es werden immer neue Aufgaben übernommen, etwa im Umweltschutz, während alte Aufgaben oft zu unkritisch weitergeführt werden, ohne zu fragen, ob sie noch nötig und zeitgemäß sind oder nicht. Das kann nicht richtig sein.

Permanente Aufgabenkritik heißt, diese Fragen immer wieder unvoreingenommen zu beantworten: Sind gegenwärtig wahrgenommene Aufgaben überhaupt noch notwendig? Können sie reduziert oder ganz gestrichen werden? Müssen bestimmte Aufgaben durch den öffentlichen Sektor wahrgenommen werden? Oder können sie effizienter und kostengünstiger privat erfüllt werden? Und wenn Aufgaben unverzichtbar vom Staat wahrgenommen werden: Müssen sie komplett wahrgenommen werden? Oder gibt es auch im staatlichen Bereich die Möglichkeit, die »Fertigungstiefe« zu verringern und »Komponenten« von Privat einzukaufen?

Wir haben in Schleswig-Holstein ganz außen begonnen und zunächst die staatlichen Unternehmensbeteiligungen kritisch überprüft. In elf Fällen haben wir inzwischen das wirtschaftliche Engagement reduziert oder ganz aufgegeben. Das dadurch freigewordene Kapital kann sinnvoller für Zukunftsinvestitionen des Landes eingesetzt werden. Wir haben von den Verkaufserlösen eine »Technologie-Stiftung« gegründet, um den technischen Wandel voranzutreiben. Und wir haben – gemeinsam mit der privaten Energiewirtschaft – eine »Energie-Stiftung« gegründet, um rationelle, umweltverträgliche Energiesysteme zu entwickeln und zu fördern.

Aufgabenkritik heißt vor allem, daß die Verwaltung ihren Aufgabenkatalog ständig neu durchleuchtet: Kann das Eichwesen nicht auch in einer Art TÜV-Lösung organisiert werden? Können wir im Vermessungswesen, beim Hoch- und Tiefbau die Fertigungstiefe verringern und mehr Leistungen von Freiberuflern kaufen? Sind unsere Förderprogramme wirklich effektiv? Welche Dienstleistungen kann die öffentliche Verwaltung günstiger auf dem Markt einkaufen, als sie selber zu erbringen?

Allerdings unterscheidet sich der Staat bei dieser Aufgabenanalyse in einem Punkt grundsätzlich von privaten Unternehmen: Wenn sein Aufgaben- und Tätigkeitskatalog durchleuchtet wird, ist das wichtigste Kriterium dabei das Gemeinwohl und nicht die Kostendeckung. Außerdem funktioniert es nicht gegen, sondern nur mit den Beschäftigten. Es geht also überhaupt nicht darum, ganze Belegschaften traditionsreicher Ämter zum Arbeitsamt zu schicken. Jeder und jede soll einen Arbeitsplatz behalten. Offen ist nur, welchen.

Es geht auch nicht um eintönige ideologische Schlachten über Privatisierung. Ich gehöre nicht zu den Privatisierungs-Fetischisten, die mit sendungsbewußtem Augenaufschlag verkünden, die Privatwirtschaft könne prinzipiell alles und jedes besser als der Staat. Und ich habe auch was gegen Schnäppchenjäger, die sich unter ideologischem Vorwand nur die profitablen Rosinen herauspicken wollen. Manchmal ist Privatisierung sinnvoll, manchmal nicht. Und oft verbietet sie sich aus Gründen des Gemeinwohls. Die Entscheidung darüber muß pragmatisch getroffen werden. Entscheidend ist nicht, wer eine Aufgabe erledigt, sondern *wie* sie erledigt wird: zweckmäßig, wirkungsvoll und kostengünstig.

Neue Organisations- und Steuerungsformen: Bei König Friedrich Wilhelm I. galt: Eingänge müssen binnen einer Woche erledigt sein. Was im Preußen des 18. Jahrhunderts möglich war, sollte auch im Deutschland des Jahres 2000 wieder angestrebt werden. Nur können wir es heute nicht einfach – wie damals der König – unter Androhung drakonischer Disziplinarstrafen anordnen. Wir haben es heute mit einem großen Apparat zu tun, der viele komplizierte Aufgaben zu erledigen hat. Das »öffentliche Dienstleistungsunternehmen Schleswig-Holstein« produziert – wie alle anderen Landesregierungen und -verwaltungen – Bildung und Sicherheit, Forschung und Lehre, sozialen Ausgleich und kulturelle Erbauung, Beschäftigungschancen und Umweltschutz, wirtschaftliche und technologische Perspektiven und vieles andere mehr.

Wie steuert man ein so vielschichtiges Gebilde am effektivsten? Wie steigert man die Produktivität? Wie verankert man Kostenbewußtsein im Denken und Handeln? Wie führt und entwickelt man auf allen Ebenen eine heterogene Belegschaft so, daß sie ihr Bestes gibt für das gemeinsame Ziel? In Sachen Wirtschaftlichkeit und Effizienz können und sollten wir uns die Erfahrungen des privaten Sektors zunutze machen.

Beispiel Wirtschaftsförderung: Wirtschaftsvertreter und potentielle Investoren klagen immer wieder über den »Förder-Dschungel«, das undurchschaubare Gewirr von Förderprogrammen mit unterschiedlichen Zielrichtungen und Zuständigkeiten. Es liegt auf der Hand, die Vielfalt der staatlichen Förderprogramme unter einer Adresse zu bündeln. Wir haben deshalb in Schleswig-Holstein gegen die Stimmen der CDU-Opposition eine »Investitionsbank« unter dem Dach der Landesbank gegründet, die als zentrale Anlaufstelle für alle einheimischen und auswärtigen Unternehmen fungiert, die in Schleswig-Holstein investieren wollen. Das ist praktische Entbürokratisierung und steigert die Kompetenz und die Wirtschaftlichkeit staatlichen Handelns für alle Beteiligten. Ähnliche Modelle kann ich mir für die Bereiche Naturschutz, Dorferneuerung und Stadtplanung vorstellen.

Aber auch in den klassischen Verwaltungsbereichen läßt sich vieles verändern. An der Technischen Fakultät der Kieler Universität und an der Fachhochschule Westküste in Heide erproben wir seit einiger Zeit mehr Selbstbestimmung in der Mittelbewirtschaftung durch Globalhaushalte. Auch die Forstwirtschaft rechnet und wirtschaftet seit Anfang 1995 wie ein kaufmännisch geführtes Unternehmen. Und die Staatskanzlei geht mit gutem Beispiel voran: Seit wir unseren Haushalt budgetieren, Produkt- und Leistungskataloge erstellt haben, wissen wir genauer, welche Arbeitsprozesse wieviel kosten.

Globalhaushalte bedeuten: Eigenverantwortlichkeit statt Hierarchie, Flexibilität beim Einsatz der Mittel statt starrer Vorgaben. Dadurch steht zwar nicht mehr Geld zur Verfügung. Aber die Chance steigt, daß es bei richtiger Steuerung dort ausgegeben wird, wo es am dringendsten gebraucht wird und am wirksamsten ist.

Vereinfachte, beschleunigte Verfahren: Schimpfen reicht nicht. Natürlich mahlen die Mühlen der Bürokratie zu langsam. Aber die Ursache dafür sind in aller Regel nicht überlange Kaffeepausen oder Mittagsspaziergänge der Beschäftigten (obwohl die Uferpromenade an der Kieler Förde, wo mehrere Ministerien liegen, bei schönem Sommerwetter eine ernst zu nehmende Verlockung ist!). Entscheidend sind die Strukturen, in denen die Beschäftigten arbeiten müssen. Und diese sind vom Gesetzgeber konzipiert und beschlossen worden.

Die Arbeitslast in den Verwaltungen entsteht durch die Fülle der Regelungen und die Häufigkeit der Änderung solcher Regelungen. Dadurch werden Kosten produziert, die oft in keinem Verhältnis zur Sinnhaftigkeit einzelner Bestimmungen stehen. Natürlich kann der Staat sein Recht nicht aufgeben, verbindliche Normen und Regelwerke festzulegen. Alles andere wäre die Kapitulation des Gemeinwohls vor der Durchsetzungsfähigkeit der am besten organisierten Einzelinteressen: Ärztefunktionäre würden sicher eine Gesundheitsreform zustande bringen, und die Pharma-Industrie auch. Aber wie die dann aussähe, kann man sich wohl vorstellen.

Gesetze und Verordnungen müssen vom Staat, dem Parlament, der Verwaltung, gemacht und umgesetzt werden. Aber es gibt begründete Zweifel daran, ob es so viele sein müssen und ob sie so oft geändert werden müssen. Das Einkommensteuergesetz ist seit 1987 Dutzende Male geändert worden, und dazu gibt es dann jedesmal eine Flut von neuen Verordnungen und Richtlinien, die über lange Zeit parallel angewendet werden müssen, weil Steuerfälle sich eben hinziehen. Das ist im Grunde unverantwortlich und treibt die Beschäftigten in die Resignation: Können sie etwas daran ändern, daß der Steuerbescheid dann eben ein paar Monate länger auf sich warten läßt?

Oder nehmen wir das Baurecht: Müssen die Bauaufsichtsbehörden jeden Backstein genehmigen, den der Maurer in die Hand nimmt? Es geht auch anders. Der Bau eines üblichen Einfamilienhauses ist in

Schweden um die Hälfte billiger als in Deutschland – nicht weil die Schweden schlechter bauen als wir, sondern weil die Bauvorschriften einfacher sind und eine weniger aufwendige Bauweise erlauben. Wir haben daraus gelernt: In Schleswig-Holstein prüfen die Bauaufsichtsbehörden bei Wohngebäuden mit geringer Höhe inzwischen nur noch, ob das Planungsrecht beachtet wird. Für die Bautechnik sind allein die Architekten und Bauingenieure zuständig. Wohngebäude mit bis zu zwei Stockwerken brauchen nur noch angezeigt zu werden. Und ein Bauantrag, der von der Behörde nicht innerhalb von drei oder vier Monaten ausdrücklich abgelehnt wird, gilt als genehmigt. Damit sind wir von der Wochenfrist von Friedrich Wilhelm I. zwar immer noch ein gutes Stück entfernt. Trotzdem bringt diese »Genehmigungsfiktion« die Verwaltung spürbar auf Trab.

Moderne Personalpolitik: Wir brauchen mehr Qualität bei der Personalauswahl, mehr Leistungsorientierung, mehr Führungsqualität auf den Leitungsebenen der öffentlichen Verwaltung. Nur dann wird sich an den eingefahrenen Verhaltensmustern der Verwaltungsroutine etwas ändern. Wir brauchen Bewegung in den Köpfen: »Das haben wir noch nie so gemacht«, darf kein Einwand sein. »Das haben wir schon immer so gemacht«, darf kein Argument mehr sein. Das gegenwärtige Dienstrecht ist ohne nachvollziehbare Leistungsanreize und fördert die Beharrungskräfte der Verwaltung. Es behindert Initiative und Veränderung.

Trotzdem haben wir in Schleswig-Holstein einige Maßnahmen getroffen, um unter den gegebenen Rahmenbedingungen handlungsfähiger zu werden. Wir gehen inzwischen mit dem Beamtenstatus restriktiver um. Wir stellen Lehrer nur noch als Angestellte ein. Wir versuchen, Flexibilisierungselemente und Leistungsanreize in den Grenzen des bestehenden Dienstrechts auszuschöpfen. Aber diese Möglichkeiten bleiben begrenzt.

Hier ist eindeutig der Bund gefordert. Er muß zusammen mit den Gewerkschaften ein modernes, leistungsförderndes Dienstrecht erarbeiten. Das, was bisher vom Bundesinnenminister vorgelegt wurde, ist längst nicht ausreichend. Der Beamtenstatus ist die heilige Kuh der konservativ-liberalen Koalition. Warum eigentlich? Angestellte und Beamte leisten – wer widerlegt mich – unter vorgegebenen Bedingungen das gleiche.

Sind Angestellte schlechtere Lehrer?

Die Debatte um die Reform des öffentlichen Dienstes treibt zum Teil merkwürdige Blüten. Da warnen die Philologen-Verbände und Beamtenbund-Funktionäre, die sich für die Interessen und Rechte ihrer Mitglieder starkmachen müßten, vor dem Streikrecht von Angestellten. Arbeitskämpfe im Klassenzimmer? Gott und das heilige Berufsbeamtentum bewahren uns vor derartigen Auswüchsen einer demokratischen Gesellschaft! Die Erziehung als eine der vornehmsten Aufgaben des Staates, so lautet das feierliche Argument, gehöre in die Hände von Beamtinnen und Beamten, denn nur sie seien dem Staat in Treue verpflichtet und unterlägen strengem Dienstrecht.

Diese Argumentation klingt nach staats- und kaisertreuer Erziehung in der Tradition des alten deutschen Obrigkeitsstaates. Zu einer freiheitlichen, pluralistischen Gesellschaft paßt sie bei Lehrern ebensowenig wie in vielen anderen Bereichen, in denen es auf Verantwortungsbewußtsein und Zuverlässigkeit von öffentlichen Dienstleistungen ankommt. Denn sonst hätten Flugsicherung, Bahn und Post niemals privatisiert werden dürfen! Die Belegschaften von Krankenhäusern, Entsorgungsbetrieben, Atomkraftwerken und anderen Diensten, von denen unser Leben oder gar Überleben abhängt, müßten schleunigst und komplett ins Beamtenverhältnis übernommen werden! Und natürlich auch die Busfahrer, die unsere Kinder zur Schule fahren!

Warum sollten Lehrer nicht nach denselben Regeln wie andere Angestellte streiken dürfen, wenn sie sich zu schlecht bezahlt fühlen oder ihre Unterrichtstätigkeit unter unzumutbaren Mängeln leidet? Diese Möglichkeit schreckt mich nicht sonderlich. Denn die Erfahrung mit Streiks in anderen Bereichen, etwa in den Krankenhäusern, zeigt, daß noch nicht einmal Unterricht ausfallen muß, sondern auch im Konfliktfall verantwortbare Formen gefunden werden können, die alle Interessen unter einen Hut bringen. Die Kinder würden sicher nicht darunter leiden – ganz im Gegenteil; auch das könnte eine praktische Lektion in demokratischer Interessenvertretung sein.

Ich will es nicht gerade heraufbeschwören: Aber das Streikrecht ist ein wesentliches Element einer demokratischen Gesellschaft, und selbstverständlich gilt dies auch für angestellte Lehrer und in all jenen Bereichen des öffentlichen Dienstes, die nicht unmittelbar hoheitlich in Leben und Eigentum von Menschen eingreifen. Im übrigen müssen nicht nur Beamte ihrem Dienstherrn folgen; auch Angestellte im öffentlichen Dienst können nicht tun und lassen, was sie wollen.

Schließlich heißt es, die Schule verteile Berufs- und Lebenschancen. Eine derartige Schicksalsmacht, das verstehe sich dann von selbst, könnten nur treue und gewissenhafte Beamte verwalten. Auch dieses Argument sticht nicht. Der Staat muß Kindern Berufs- und Lebenschancen bieten, indem er ein modernes, leistungsfähiges Schulwesen unterhält, das Schülerinnen und Schüler nach ihren Kräften und Fähigkeiten fördert – durch Lehrerinnen und Lehrer, die zuallererst gute Pädagogen sind. Die Schule »verteilt« Zeugnisse nach Recht und Gesetz, nach bestem Wissen und Gewissen und nicht zuletzt in pädagogischer Verantwortung. Wenn es in Einzelfällen daran mangelt, liegt das nicht am Status der Lehrerin und des Lehrers als Beamte oder Angestellte – und ist auch dann vor dem Verwaltungsgericht anfechtbar, wenn ein Zeugnis die

Unterschrift eines angestellten Pädagogen trägt. Im übrigen ist mir über die Zensurengebung der bisher schon im Land arbeitenden angestellten Lehrerinnen und Lehrer nichts Auffälliges bekannt.

All die Argumente, vom Streik in der Schule bis zum Lehrer als Schicksalsmacht, sind fadenscheinig. Dahinter wird das verständliche Bemühen sichtbar, einen liebgewordenen und wohl auch einträglichen Status zu verteidigen. Mit Liebe und Verantwortung für die Kinder hat das nichts zu tun. Die Welt geht nicht unter, wenn die obrigkeitsstaatliche, sehr deutsche Tradition des beamteten Staatsdieners möglichst weit eingeschränkt wird. Im Gegenteil: Der Beamtenstatus mit den besonderen Rechten und Pflichten macht überhaupt nur Sinn, wenn man ihn nicht beliebig vergibt.

Einige Kommunen, vor allem in Ostdeutschland, sind in diesem Punkt schon weiter, als wir es auf Landesebene sein können. In Coswig bei Dresden beispielsweise haben die Kommunalpolitiker die »Gnade des späten Eintritts« in die Bundesrepublik genutzt und auf Beamte ganz verzichtet.

Und ein Letztes: Wer das Berufsbeamtentum bewahren will, muß es auf die hoheitlichen staatlichen Funktionen begrenzen, die in Freiheit oder Eigentum des einzelnen Bürgers eingreifen: Polizei, Justiz und Finanzverwaltung – und die jeweils auch nur in ihren Kernbereichen – üben jene hoheitlichen Funktionen aus, die das Grundgesetz den Beamten vorbehält.

Die »Ruhestands-Lawine«

Viel mehr Beamte werden wir uns in Zukunft auch nicht leisten können. Nicht nur die Frage der Gerechtigkeit, sondern auch der Zustand der öffentlichen Finanzen sprechen dafür, möglichst viele öffentlich Beschäftigte arbeits- und sozialrechtlich mit allen anderen Arbeitnehmern gleichzustellen. So viele Mitarbeiter des öffentlichen Dienstes wie möglich sollten wie Facharbeiter, Ingenieure oder Krankenschwestern die Hälfte ihrer Altersvorsorge selbst aufbringen, sollten Beiträge zur solidarischen Arbeitslosenversicherung leisten und wie jeder Normalsterbliche eine Rente beziehen, die sich nach dem Durchschnitt des gesamten Erwerbslebens bemißt und nicht nach dem letzten (und höchsten) Gehalt.

Die Gelehrten mögen unter Anwendung der Zinseszins-Rechnung darüber streiten, ob der Beamte von der Bestallung bis zur Bahre unter dem Strich ein bißchen billiger oder ein bißchen teurer ist als der Angestellte. Entscheidend ist, daß auf die öffentlichen Haushalte eine enorm steigende Pensionsbelastung zukommt, weil in den sechziger und siebziger Jahren massenweise Beamte ernannt worden sind. Im Jahr 1960 gab es in der alten Bundesrepublik 666 000 Beamte. 1980 hatte sich diese Zahl auf 1 194 000 nahezu verdoppelt, und fast die Hälfte davon entfiel auf die Länder. Das ist eine Fehlentwicklung, zu der auch die sozialliberale Reformkoalition Anfang der siebziger Jahre im Vertrauen auf immerwährendes wirtschaftliches Wachstum beigetragen hat. Diese Entwicklung ist vom Bundesverfassungsgericht kritisiert worden und muß korrigiert werden.

Bei den Lehrern müssen wir anfangen, weil sie im Landesdienst die größte Beamtengruppe stellen. So sind fast die Hälfte der rund 45 000 Beamten in Schleswig-Holstein Lehrer. Das sind deutlich mehr als in den wirklich hoheitlichen Bereichen Polizei, Justiz und Finanzverwaltung zusammengenommen. Schleswig-Holstein stellt inzwischen Lehrer nur noch als Angestellte ein. Unsere Schulen sind dadurch nicht schlechter geworden. Aber dieses Vorgehen produziert vorübergehend Mehrkosten, denn es müssen gleichzeitig Ruhegeld für die ausscheidenden Beamten und der Rentenbeitrag für die nachrückenden Angestellten aufgebracht werden.

1994 sind in Schleswig-Holstein für rund 11 400 Pensionärinnen und Pensionäre und für 7200 Hinterbliebene insgesamt etwa 940 Millionen Mark an Pensionszahlungen aufgebracht worden. Das sind sieben Prozent der Personalkosten des Landeshaushalts.

Auf rund 2,4 aktive Beamte kommt inzwischen ein pensionierter. In den kommenden Jahren werden die Beamtinnen und Beamten aus den besonders stark vertretenen Geburtsjahrgängen 1937 bis 1962 in den Ruhestand treten. Dies bedeutet, daß im Jahr 2015 auf 1,2 aktive ein pensionierter Beamter entfällt, daß die Pensionszahlungen zwischen 2004 und 2016 auf über neun Prozent der Personalausgaben steigen und die Aufwendungen für die Beamtenversorgung im Jahr

2020 mit 3,4 Milliarden Mark ihren Höchststand erreichen werden. Erst danach sinken sie wieder.

Dieses Zukunftsszenario gilt natürlich nicht nur für Schleswig-Holstein, sondern in ähnlicher Weise für alle anderen westlichen Bundesländer und den Bund genauso. Ich wundere mich, daß die Bonner Politik, namentlich Bundesinnenminister Kanther, davor beharrlich die Augen verschließt. Ich kann mir das nur so erklären, daß man der parteipolitisch konformen Beamtenlobby nicht am Zeuge flicken will. Kanthers Vorschlag, die Beamtenbezüge in Zukunft nur noch unterdurchschnittlich anzuheben und eine minimale Belastung zur Altersvorsorge zu erheben, ist reine Augenwischerei. Es zeigt, daß die »Wagenburg des deutschen Beamtentums«, wie die Berliner Politologen Peter Grottian und Thomas Weidmann schreiben, nicht geschleift, sondern geschlossen werden soll.

Gegen das, was früher geschehen ist, können wir heute kaum mehr etwas machen. Aber wir können sehr wohl dafür sorgen, daß die Lawine nicht noch größer wird. Wenn die Beamten in Zukunft wie alle anderen auch für die Finanzierung ihrer Sozialversicherung herangezogen werden, trägt dies nicht nur zu mehr Gerechtigkeit bei, sondern es schafft auch klare Verhältnisse für die öffentlichen Haushalte: Dort müssen dann die gesamten Personalkosten einschließlich der Lohnnebenkosten ausgewiesen werden, anstatt einen Teil – nämlich die Altersversorgung der Beamten – auf spätere Generationen zu überwälzen.

Mit »voller Hingabe« für ein neues Dienstrecht

Der Himmel bewahre uns vor dem, was mir der Vorsitzende des Deutschen Beamtenbundes, Erhard Geyer, in einer Diskussion als seinen sehnlichsten Wunsch offenbart hat: daß möglichst alle Beschäftigten des öffentlichen Dienstes in den Beamtenstatus aufgenommen werden. In den höchsten Tönen weiß Herr Geyer die Tugenden des allzeit dienstbereiten Beamten zu loben: Er tut widerspruchslos dort seine Pflicht, wo er hingestellt wird; er ruht und rastet nicht, solange und sooft sein Einsatz gefordert wird; er ist absolut unbestechlich, dem Staat in immerwährender Treue ergeben; und so weiter und so fort ...

Die idyllische Vorstellung vom selbstlosen Staatsdiener, der – so steht es immer noch im Beamtengesetz – zur »vollen Hingabe« an seinen Dienstherrn verpflichtet ist, ist 19. Jahrhundert pur. Ich finde sie im Rückblick auf die jüngere deutsche Geschichte eher erschreckend als verheißungsvoll. Und ich will auf die Hingabe gern verzichten, wenn der Beamte denn seine Arbeit mit Freude, Kreativität und Engagement leistet, wenn er sich am Ergebnis orientiert und nicht an der Prozedur.

Wie überwältigend diese Hingabe dann sein kann, wenn es konkret wird, erleben wir beim Hauptstadt-Umzug von Bonn nach Berlin. Eigentlich müßte der Dienstherr doch das Problem durch eine kurze Anweisung lösen können – und schon müßte sich das

Bonner Beamtenheer ohne Murren und Klagen unverzüglich nach Berlin in Bewegung setzen. Tatsächlich aber wird gefeilscht, verzögert und gemauert, wo es geht, wird nicht der kleinste Trippelschritt unternommen ohne handfeste finanzielle Kompensation, werden milliardenträchtige Ansprüche an die Ausstattung der neuen Arbeitsstellen gestellt, die es in Bonn so nie gegeben hat. Da unterscheiden sich die Beamten in nichts von anderen Beschäftigten, von Abgeordneten und Ministern.

Unter Hingabe stelle ich mir etwas anderes vor. Und weil es diese praktische Erfahrung jetzt auch im Großversuch Bonn–Berlin gibt, weil sich auch hier gezeigt hat, daß Beamte sich bei der Durchsetzung ihrer »Standes«-Interessen keineswegs zurückhaltender aufführen als Angestellte oder Arbeiter, deswegen streite ich mit voller Hingabe für ein neues Dienstrecht in der öffentlichen Verwaltung.

Mit dem geltenden Beamtenrecht können wir die dringend erforderliche Reform des öffentlichen Dienstes nicht schaffen, sondern nur – solange ein neues noch nicht besteht – an ihm vorbei. Auch aus diesem Grund ist es richtig, die Masse der beim Staat Beschäftigten aus dem Beamtendienstrecht herauszunehmen und den Beamtenstatus auf besondere hoheitliche Tätigkeiten zu beschränken.

Die »Greisenzulage« und andere Absurditäten

Die Bürgerinnen und Bürger wünschen sich eine öffentliche Verwaltung, die flexibel und kompetent die öffentlichen Angelegenheiten regelt. Sie wünschen sich Beamte und Angestellte, die sich von ihren »Kunden« nicht belästigt fühlen, sondern motiviert arbeiten. Aber die Chancen, diese Wünsche der Bürger in praktische Politik umzusetzen, sind denkbar schlecht. Denn das Beamtenrecht schränkt die Möglichkeiten der Personalführung drastisch ein. Flexible Formen der Arbeitszeitgestaltung und des Arbeitseinsatzes sind mit ihm kaum zu machen. Finanzielle Leistungsanreize und Aufstiegsmöglichkeiten stoßen an die eng gezogenen Grenzen des Laufbahnrechts. All das muß dringend anders werden, wenn wir den öffentlichen Dienst leistungsfähiger machen, unnötige Kosten sparen und die Beschäftigten positiv motivieren wollen.

In Schleswig-Holstein gehen fast zwei Drittel aller Lehrer vorzeitig in Pension. In den anderen Bundesländern wird es ähnlich sein. Ich habe viel Verständnis dafür, daß man nach Jahrzehnten an der »pädagogischen Front« ausgebrannt ist und keine Lust mehr hat. Aber wer nicht mehr unterrichten kann, muß noch längst nicht arbeitsunfähig sein! Warum können altgediente Lehrer, immerhin Akademiker mit jahrzehntelanger Berufserfahrung, nicht an anderer Stelle sinnvolle Arbeit leisten, beispielsweise in der Verwaltung? Die Welt geht nicht unter, wenn Lehrerinnen und Lehrer sich dort nützlich machen, anstatt als

Frühpensionäre auf Kosten der Allgemeinheit ihren Garten zu pflegen. Es wäre sinnvoll, würde uns viele Kosten ersparen und könnte für die Betroffenen ein attraktiver Ausklang ihres Berufslebens sein, in einem Büro weiterhin für die Bereiche Bildung und Ausbildung tätig zu bleiben. Aber das starre Laufbahnrecht verhindert es.

Weitere Beispiele für die Absurditäten des Systems gibt es zuhauf:

- Ein älterer Beamter wäre geradezu verrückt, wollte er gegen Ende seines Berufslebens auf Teilzeit gehen, obwohl viele das gern machen würden. Denn seine Pension richtet sich nach dem Gehalt der letzten zwei Jahre.
- Wenn der Dienstherr einen Beamten wegen erwiesener Unfähigkeit loswerden möchte, ist die einfachste Lösung nicht etwa, ihn zu versetzen oder gar zu entlassen – viel leichter ist es, den unfähigen Beamten zu befördern und ihm mit erhöhten Pensionsansprüchen den Vorruhestand schmackhaft zu machen.

Angehörige des öffentlichen Dienstes, Beamte und Angestellte, müssen sich nicht unbedingt ins Zeug legen, um in eine höhere Besoldungs- oder Gehaltsstufe aufzusteigen. Denn sie werden bis zu einem bestimmten Alter ohnehin alle zwei Jahre hochgestuft – nicht wegen ihrer Leistungen, sondern nur, weil sie älter werden. Diese sogenannte »Greisenzulage« kann am Ende einer Beamtenlaufbahn mehr als tausend Mark im Monat ausmachen.

All diese und viele andere unsinnige Regelungen müssen überprüft, abgeschafft oder verändert werden, wenn wir zu modernen Formen des Personalmanagements kommen wollen. Automatische Gehaltserhöhungen und quasi automatische Beförderungen zum Beispiel müssen abgeschafft werden. Die einzig richtige Forderung heißt: Leistungszulage statt »Greisenzulage«! Selbst der Beamtenbund läßt darüber schon mit sich reden. Aber das Ende Januar 1997 beschlossene Gesetz für ein neues Dienstrecht sieht nur für zehn Prozent aller Beamten die Möglichkeit von Leistungszulagen vor. Damit läßt sich keine leistungsorientierte Personalpolitik verwirklichen. Und die ist nicht deshalb notwendig, weil sie den Politikern oder Behördenchefs die Arbeit erleichtert oder weil den Beschäftigten am Zeuge geflickt werden soll. Wir brauchen andere Strukturen, damit bessere, schnellere und auch für die Beschäftigten befriedigendere Arbeit geleistet werden kann.

Mehr Flexibilität nützt allen

Eine eklatante Schwäche des überkommenen Beamtenrechts unter sozialen Gesichtspunkten ist, daß es keine Teilzeitarbeit vorsieht. Auch hier wieder die »volle Hingabe«! Für diese Hingabe an den Dienstherrn, so will es das Gesetz, kann der Beamte die Fürsorge des Staates in Anspruch nehmen, also die garantierte Arbeitsplatzsicherheit, die Alterssicherung usw.

Teilzeitarbeit, so die herrschende Rechtsprechung, ist nur eingeschränkte und keine volle Hingabe und kann deshalb nur unter besonderen Bedingungen und für befristete Zeit in Anspruch genommen werden, etwa aus familiären oder arbeitsmarktpolitischen Gründen, das heißt, wenn in einem Bereich ein außergewöhnlicher Überhang an Bewerbern besteht. Aber selbst wenn ein Beamter all diese Gründe geltend machen kann, wird er gegen Ende seines Berufslebens aus den bekannten pensionsrechtlichen Gründen um keinen Preis auf Teilzeit gehen.

Wir haben in Schleswig-Holstein deshalb eine Initiative zur Änderung des Art. 33, Abs. 5 Grundgesetz, in dem die »hergebrachten Grundsätze des Berufsbeamtentums« verankert sind, gestartet. Unser Ziel ist, daß Beamte und Beamtinnen einen erweiterten Anspruch auf Beurlaubung ohne zeitliche Begrenzung erhalten – auch in Bereichen, in denen ein Mangel an Bewerberinnen und Bewerbern herrscht. Derartige Engpässe müssen anders gemeistert werden, etwa durch zusätzliche Qualifikationsmaßnahmen und Versetzungen. Wir wollen für die Beamten – wie bisher schon für die Angestellten – eine Teilzeitbewilligung ohne »soziale Indikation«, ohne arbeitsmarktpolitische Bedingungen und ohne Höchstdauer.

Wir brauchen diese Gesetzesänderung auch deshalb, weil sich sonst Bewerber, die auf Teilzeitbasis eingestellt wurden, jederzeit mit Erfolg eine Vollzeitstelle einklagen können. Die derzeitige Rechtslage verhindert ein arbeitsmarktpolitisch dringend gebotenes und von vielen Beschäftigten gewünschtes Verhalten des Arbeitgebers Staat. Es ist schon erstaunlich, wie manche Funktionäre der Lehrerverbände all dies als »schulfremde« Arbeitsmarktpolitik abtun – als habe die Schule nichts mit der sie umgebenden Gesellschaft zu tun. Mir jedenfalls ist noch kein Lehrer begegnet, dem eine Zwei-Drittel-Stelle nicht lieber gewesen wäre als gar keine.

Strukturelle Reformen im öffentlichen Dienst hin zu mehr Effizienz und Kundenorientierung sind auch, aber nicht allein, aus finanziellen Gründen erforderlich. Wir haben heute andere Verhältnisse und ein anderes Staatsverständnis als zu Kaiser Wilhelms Zeiten. Staatliches Handeln in der liberalen, demokratischen Gesellschaft ist Dienstleistung für den Bürger, und die soll so sachgemäß, effizient und kundenfreundlich wie möglich sein. Das steht nicht im Widerspruch zur notwendigen Fürsorge für die Beschäftigten, denn diese werden am besten durch Arbeitsbedingungen motiviert, die ihren Interessen entgegenkommen und ihren Leistungswillen fördern.

Eine Bürgermeisterin aus Bayern hat mich sehr beeindruckt, weil sie in ihrer Gemeinde durch flexible Arbeitszeitregelungen erreicht hat, daß junge Mütter schon bald nach der Geburt eines Kindes mit geringer Stundenzahl an ihren Arbeitsplatz zurückkehren können. Die Zeitaufteilung innerhalb der Arbeitsstätte überläßt sie der Selbstorganisation der Angestellten – mit dem Erfolg, daß für die Bürgerinnen und Bürger jederzeit in allen Abteilungen jemand ansprechbar ist und daß sich der Frauenanteil in vielen Bereichen enorm erhöht hat.

Zur größeren Zeitsouveränität gehören aber nicht nur mehr Teilzeitangebote, sondern weitere Möglichkeiten der Arbeitszeitflexibilisierung und zeitweiliger Freistellungen – etwa in Form eines Anspruchs auf ein Sabbatjahr. In Schleswig-Holstein haben wir die Möglichkeit geschaffen, durch Zeitansparen bei anteilig gekürzten Bezügen ein Sabbatjahr »anzusparen«. Dieses Angebot kommt einem verbreiteten Bedürfnis von Beschäftigten nach, die sich aus welchen Gründen auch immer eine längere Pause wünschen. Und es wirkt sich gleichzeitig positiv auf den Arbeitsmarkt aus.

Stärkung des Leistungsprinzips

»Leistung muß sich wieder lohnen!« Die FDP hat diesen demagogischen Wahlslogan einst in die Welt gesetzt. Sie propagiert Steuersenkungen für ihre vermögende Wählerklientel, weil Leistung in ihrer beschränkten Sichtweise vor allem am Kontostand gemessen wird, unabhängig davon, welche Leistung tatsächlich dahintersteht. Wer viel verdient oder viel besitzt, hat auch viel geleistet?

Umgekehrt wird ein Schuh draus: Wer viel leistet, soll dies durch Leistungszulagen honoriert bekommen. Dies aber ist im öffentlichen Dienst kaum möglich. Wir brauchen daher auch eine Änderung des Laufbahnrechts. Gehaltserhöhungen und Beförderungen müssen an Leistungskriterien gebunden werden. Die Durchlässigkeit zwischen den verschiedenen Ebenen des öffentlichen Dienstes muß vergrößert werden, um fähigen Leuten Aufstiegsmöglichkeiten zu eröffnen, die sie bisher nicht haben. Dazu müssen Beurteilungsrichtlinien entwickelt werden, die den Tätigkeitsprofilen eines modernen öffentlichen Dienstes entsprechen. Und schließlich muß es möglich sein, Führungspositionen auf Zeit zu vergeben, um projektbezogenes Arbeiten zu fördern und die Möglichkeiten der systematischen Personalplanung zu erweitern.

Viele dieser Ideen und Vorschläge haben wir in Schleswig-Holstein schon umgesetzt; andere scheitern an der Reformblockade der gegenwärtigen Bundesregierung. Das jüngst verabschiedete neue Gesetz hat bedauerlicherweise nur ansatzweise Vorschläge aufgegriffen, die in einer Arbeitsgruppe der Länder Bayern, Hessen, Thüringen und Schleswig-Holstein erarbeitet worden waren. Erst nach zähen Verhandlungen war der Bundesinnenminister zu einigen Kompromissen bereit, etwa beim Thema Teilzeit für Beamte. Immerhin können die Länder jetzt eigene Regelungen zum Beispiel bei der Einstellungsteilzeit treffen. Von minimalen Korrekturen an der Gehaltstabelle mit ihren Dienstaltersstufen abgesehen, hält Kanther aber an dem Grundsatz fest: »Langes Sitzen geht vor guter Leistung.« Diesen Grundsatz hat er sich offensichtlich auch höchstpersönlich zu eigen gemacht.

Was immer der Bundesinnenminister demnächst vorlegt: wir werden auf Dauer nicht um eine große Reform des Beamtenrechts herumkommen. Es geht nicht um neue Organigramme, sondern um eine neue Verwaltungskultur. Vor allem wegen der unabsehbaren finanziellen Folgen einer Reformverweigerung wird der öffentliche Druck immer größer. Nicht nur die Wirtschaft muß einen Prozeß permanenter Modernisierung bewältigen, auch der Staat. Wie sonst soll unsere Gesellschaft zukunftsfähig werden? Die einzelnen Bürgerinnen und Bürger brauchen ebenso wie die Wirtschaft und die natürliche Umwelt eine selbstbewußte, kompetente öffentliche Verwaltung, in der engagierte Mitarbeiterinnen und Mitarbeiter für das Allgemeinwohl arbeiten.

6. Kapitel

Plädoyer für einen politischen Wechsel

> »Wir stellen uns der Forderung, nicht nur zu interpretieren, sondern zu verändern. Das heißt heute vor allem anderen, Demokratie als einen permanenten Prozeß zu verstehen.«
>
> *Willy Brandt*

Ich muß gestehen, ich mißtraue den großen Visionen in hohem Maße. Die Zeiten sind vorbei, in denen ein nicht unbedeutender Teil meiner Generation gläubig die gesammelten blauen Bände von Karl Marx studiert und mit Ho-Ho-Ho-Tschi-Minh-Rufen auf den Lippen an die »Befreiung der Dritten Welt vom amerikanischen Imperialismus« geglaubt hat. Das alles ist längst Geschichte. Und schon damals habe ich diese Dinge mehr am Rande miterlebt als mitgemacht. Ich bin den allzu großen Gewißheiten immer skeptisch begegnet. Das gilt heute, nach mehr als 25 Jahren politischer Erfahrung, mehr denn je.

Die Utopie von der klassenlosen, absolut gerechten, garantiert rückstandsfreien und ökologisch besenreinen Gesellschaft ist mir eher suspekt. Es ist darin ein dogmatischer, missionarischer Anspruch verborgen, dem ich als unvollkommenes, zuweilen egoistisches und irrendes menschliches Wesen nicht ausgesetzt sein will. Ich glaube nicht an den einen »großen Wurf«, sondern bin – darin sehr sozialdemokratisch – überzeugt von den vielen kleinen und einigen etwas größeren Schritten, mit denen wir uns der Lösung der Gegenwarts- und der absehbaren Zukunftsprobleme nähern können. »Der Fortschritt ist eine Schnecke« – so sagte Günter Grass einmal. Wo es aber viele Schnecken gibt, da ist das Öko-System noch in Ordnung!

Meine Vorstellung davon, wie wir morgen leben wollen, orientiert sich nicht an irgendwelchen absoluten, also unerfüllbaren Normen. Absolute Gerechtigkeit zum Beispiel ist nicht möglich, auch wenn wir immer wieder gegen Ungerechtigkeit ankämpfen müssen. Mir kommt es vielmehr darauf an, wie wir den sozialen Ausgrenzungsprozessen und der Zerstörung der natürlichen Umwelt entgegenwirken können, mit welchen konkreten Maßnahmen wir, ausgehend von den bestehenden Verhältnissen, zu einer gerechteren, humaneren, ökologischeren Gesellschaft kommen können. Und dazu ist vor allem eines notwendig: die schonungslose Offenlegung der gegenwärtigen Verhältnisse.

Auch das gehört zur Bürgergesellschaft, daß man sich nach bestem Wissen und Gewissen Wahrheiten zumutet. Ich glaube nicht, daß die Menschen die Wahrheit nicht ertragen können. Sie wissen in aller Regel sehr wohl, wie es um die Fakten steht. Man muß als Politikerin also nicht darum herumschleichen wie die Katze um den heißen Brei.

Die doppelte Lüge nach 1989

Das größte politische Betrugsmanöver der jetzigen Regierung nach 1989 war, daß sie den Menschen aus Opportunismus nicht die Wahrheit über die mit der Vereinigung Deutschlands verbundenen Belastungen gesagt und die bestehende Opferbereitschaft nicht abgefordert hat. Dem Osten hat der Kanzler »blühende Landschaften« versprochen und bei den damals mit dem westlichen Politikbetrieb noch unerfahrenen Menschen die Illusion geweckt, sie könnten in wenigen Jahren zum westdeutschen Lebensstandard aufschließen. Im Westen hat er verkündet, die Wiedervereinigung sei quasi aus der »Portokasse zu bezahlen«; es seien keinerlei nennenswerte Belastungen zu befürchten, niemandem werde es schlechter gehen. Und dabei gab es in der ersten Zeit durchaus Opferbereitschaft!

Dieser versteckte Appell an das materielle Besitzstandsdenken, diese doppelte Lüge, vergiftet das gesamtdeutsche Klima bis auf den heutigen Tag. Denn natürlich ist es anders gekommen. Jetzt ist es nicht mehr möglich, an Geduld im Osten, an Opferbereitschaft im Westen zu appellieren. Die gegenseitigen Ressentiments der Ossis gegen die Wessis und der Wessis gegen die Ossis haben sich festgefressen und verhelfen justament der PDS zum politischen Überleben. Die Auseinandersetzung zwischen Ost und West ist inzwischen jenseits aller kulturellen und mentalen Unterschiede zum schnöden Verteilungskampf degeneriert, in dem der Osten trotz aller Milliardentransfers nicht recht auf die Beine kommt und der Westen einen Solidarbeitrag nicht mehr aufbringen will.

Ein neuer Anfang kann nur gemacht werden, indem wir klipp und klar die Finanzlage der öffentlichen Haushalte offenlegen. Die Politik der opportunistischen, wahltaktischen Lügen muß ein Ende haben. Wir werden jedoch nicht neu anfangen können, wenn wir uns weiterhin über die wirkliche Lage hinwegtäuschen. Erst wenn wir aufhören – das gilt auch für meine eigene Partei –, wohlklingende, aber ungesicherte Versprechungen abzugeben, die später nicht eingehalten werden können, werden wir von der Bevölkerung Opfer verlangen können.

Daß Opfer notwendig sind, ist das eine; wie man damit umgeht, das andere. Wenn die Bonner Koalition bei den armen Schluckern Arbeitslosen- und Sozialhilfe kürzt und gleichzeitig die Vermögenssteuer für die Reichen abschafft, ist das nicht nur finanzpolitisch falsch, sondern geradezu unmoralisch. Der kurzatmige Sozialabbau bringt nichts, weil er keine Perspektive hat und keine zukunftsweisende politische Weichenstellung beinhaltet. Das Opfer besteht eher im Abschied von althergebrachtem Denken, von Lebensstilen, von bequemen, aber inzwischen unnötigen Zuteilungsmechanismen und Subventionen. Wir brauchen eine Neuorientierung, die über das Bestehende hinausweist, die bessere Rahmenbedingungen für mehr und andere Arbeitsplätze, für eine ökologische Wirtschaftsweise, für einen effizienten öffentlichen Dienst, für eine demokratische Bürgergesellschaft eröffnet.

Es geht also doch um so etwas wie eine »Utopie« – wenn ich dieses große, mir eher unheimliche Wort für einen Reformprozeß in Anspruch nehmen darf, der in den nächsten Jahren die Lebensbedingungen in Deutschland maßgeblich mitgestalten soll. Niemand kann der jungen Generation ein fortwährendes Wachstum des materiellen Reichtums versprechen. Niemand kann ihr garantieren, daß der in den fünfziger/sechziger Jahren gewachsene Sozialstaat unverändert weiterbestehen wird wie bisher. Alles deutet darauf hin, daß dies nicht der Fall sein wird. Aber vieles spricht auch dafür, daß dies nur deswegen so bedrohlich scheint, weil die derzeitige Bonner Regierung den Sozialstaat *ab*bauen will. Es kommt aber darauf an, ihn *um*zubauen. Dabei sind für mich drei – vielfach miteinander verknüpfte – Aspekte besonders wichtig: *der Übergang zu neuen Strukturen der Arbeitsgesellschaft, der ökologisch-soziale Umbau der Wirtschaft und die Modernisierung von Staat und Verwaltung.*

Ich sehe in der Notwendigkeit der Reform auch die Chance, zu einem neuen Sozialstaat zu kommen, in dem die Menschen ein würdigeres Leben in größerer Selbstverantwortung führen können. Wir müssen in den nächsten Jahren die Rahmenbedingungen des Wirtschaftens und des gesellschaftlichen Zusammenlebens neu gestalten, um die ökonomischen, ökologischen und sozialen Probleme der Gegenwart und der Zukunft lösen zu können. Wir müssen weg von der Verschwendungswirtschaft und hin zur Kreislaufwirtschaft. Wir müssen weg vom Verordnungsstaat und hin zur selbstverantwortlich handelnden Bürgergesellschaft. Niemand, der in Not gerät, darf gnadenlos fallengelassen werden. Aber niemandem sollte andererseits die Verantwortung für sein eigenes Leben abgenommen werden.

Eigentlich stehen all diese Dinge schon im Grundgesetz. Dort ist zum Beispiel das Subsidiaritätsprinzip, wenn auch etwas altmodisch, bereits formuliert. Wir brauchen Strukturen, die den Gemeinsinn, den Bürgersinn der Menschen unterstützen. Nicht der traditionelle Sozialstaat ist die Alternative zur radikalen konservativ-liberalen Marktideologie, zum hemmungslosen Egoismus des Geldes, sondern die selbstbewußte, sozial verpflichtete zivile Gesellschaft.

Bericht aus einer besseren Zukunft

Die Politikerinnen und Politikern oft gestellte Frage, was denn ihre Zukunftsvorstellung sei, ist allemal berechtigt. Wo wollen wir hin? Was wollen wir verändern? Wie wollen wir leben? Aber bei großen, mit heiligem Eifer vorgetragenen Visionen reagiere ich eher mit einem reflexartigen Fluchtmechanismus. Ich bin zufrieden, wenn Menschen soziale Phantasie haben und ihnen in ihrer Arbeit die Phantasie nicht abhanden kommt. Und dies wünsche ich mir auch für mich.

Weil politische Ziele aber ohne bestimmte Vorstellungen über eine wünschenswerte Zukunft nicht sichtbar gemacht werden können, will ich hierzu eine mir gemäße Vision beschreiben. Es handelt sich dabei nicht um eine ferne Zukunft, in der das »Paradies auf Erden« endlich da ist, sondern um die naheliegende, welche die meisten von uns hoffentlich noch erleben werden. Da fügt es sich natürlich gut, daß wir vor einem neuen Jahrhundert stehen und damit das Weihevolle der Epochenwende ein wenig Glanz auf den folgenden Rückblick aus dem Jahre 2007 abstrahlt ...

Man hielt es zunächst für einen ungewöhnlichen PR-Trick: Die Deutsche Bank schaltete gegen Ende des Jahres 1994 eine Serie dreiseitiger Zeitungsanzeigen und warb darin einmal nicht für zinsstarke Geldanlagen in Luxemburg. Der führende deutsche Bankkonzern ließ Unternehmer, Gewerkschafter und Wissenschaftler zu Wort kommen und machte damit ein Problem populär, das zuvor trotz – oder wegen? – seiner Brisanz nur in Fachzirkeln diskutiert worden war: »Zukunft der Arbeit – Arbeit der Zukunft.«

Man hielt es zunächst für eine Kompromißlösung: Der Bundesverband der Deutschen Industrie wählte im Herbst 1994 Hans-Olaf Henkel zu seinem neuen Präsidenten. Der mächtigste deutsche Wirtschaftsverband stellte damit einen Mann an die Spitze, der als erfolgreicher IBM-Manager Härte, aber auch die Fähigkeit zu strategischem und innovativem Denken bewiesen hatte.

Man hielt es zunächst nur für einen Ausdruck der Frustration nach dreizehn Jahren Opposition: Die

SPD begann eine »Modernisierungs«-Debatte. Sollte sich die Partei weiter nur als »Betriebsrat der Nation« begreifen, als Schutzmacht der Schwächeren in einer Zwei-Drittel-Gesellschaft, die materiellen Erfolg zum Fetisch erhoben hatte? Oder gelangte sie nicht eher an die Macht zurück, wenn sie sich deutlicher in das Lager der Stärkeren stellte? Es kam bald zu einem breiten Konsens in der Partei: Nur ein ökologischer Kurs kann auf Dauer die ökonomische Basis erhalten. Nur eine florierende Wirtschaft kann die nötigen Mittel für soziale Aufgaben bereitstellen. Nur ein effizienter Sozialstaat kann bei knappen Finanzen seinen Zweck noch erfüllen, nämlich ausreichende Hilfen denen – und nur denen – zu gewähren, die sie wirklich brauchen.

Die Gewerkschaften boten den Arbeitgebern und der Politik ein »Bündnis für Arbeit« an, um einen Abbau der Arbeitslosigkeit zu erreichen. Sie wurden damit zunächst brüsk zurückgewiesen, und die sozialen Auseinandersetzungen gewannen Mitte der neunziger Jahre an Schärfe. Aber in den folgenden Jahren erneuerten die Gewerkschaften ihr Angebot und gaben den Anstoß zu einer gemeinsamen Anstrengung aller politischen und sozialen Kräfte, den weiteren gesellschaftlichen Zerfall zu stoppen, die Arbeitslosigkeit durch eine Vielzahl unterschiedlicher Maßnahmen zu bekämpfen und neue Wege aus der Misere der sozialen Sicherungssysteme zu suchen.

Man dachte damals an das Absterben der FDP, als die Unionsfraktionen im Bundestag nach der Wahl vom Oktober 1994 die Grünen erstmals als normale Parlamentarier behandelten. Über ihr Machtdenken kamen die Christdemokraten der Einsicht näher, daß ökologische Notwendigkeiten zugleich ökonomische Chancen bedeuten können. Gleichzeitig profilierten sich die Grünen immer deutlicher als eine liberale Reformpartei und etablierten sich – als neue Partei für das gute Gewissen der Besserverdienenden – bei einigen Kommunalwahlen mit überraschenden Wahlerfolgen zusehends in der politischen Mitte. Rot-grüne Koalitionen auf Länderebene wurden trotz zeitweise starker interner Spannungen erfolgreich.

Alle Parteien führten die Frauenquote ein, weil Konsens darüber bestand, daß die Kreativität, die Führungsstärke von Frauen, aber auch ihre Erfahrungen mit hoher Arbeitslosigkeit, ihre aus der Not geborene Improvisationsfähigkeit bei diskontinuierlicher Erwerbsarbeit und ungesicherten Lebenssituationen neue Ansätze in der Sozial- und Arbeitsmarktpolitik fördern könnten. Der politische Mut von Frauen, ihre Ungeduld gegenüber fortwährenden geschlechtsspezifischen Diskriminierungen und ihre Fähigkeit, eine Fehlertoleranzkultur mit Leben zu erfüllen, hatten zu diesem Durchbruch geführt.

Lauter kleine Zeichen der Veränderung Mitte der neunziger Jahre. Aus der Rückschau betrachtet, spricht vieles dafür, daß es sich damals um die Anfänge der neuen Bürgergesellschaft handelte. Es waren die Vorboten der großen Debatte über das größte gesellschaftliche Versagen in Deutschland seit den Jah-

ren des Faschismus, über die schleichende Erosion des Gemeinwesens durch Arbeitslosigkeit, Umweltzerstörung und Verlust an sozialem Engagement.

Innerhalb von nur zehn Jahren wurde dann die soziale und die ökologische Krise wesentlich entschärft. Die Neuorientierung der Politik führte zu einer moderneren, demokratischen und umweltgemäßeren gesellschaftlichen Verfassung in Deutschland. Die Forderung von über hundert Sozialwissenschaftlern aus dem Jahre 1994 nach einem »neuen Gesellschaftsvertrag«, nach einer politisch-gesellschaftlichen »Neugründung der Bundesrepublik Deutschland«, wurde realisiert.

Heute, im Jahr 2007, wissen wir, daß der Schlüssel zum Erfolg in der Abkehr vom alten Denken lag. Man hörte damit auf, Ursachen und Wirkungen zu verwechseln. Niemand denunzierte den Umweltschutz mehr als Job-Killer. Selbst die Wirtschaftsverbände – immer wieder von modernen, jungen Unternehmern angetrieben – öffneten sich der Einsicht, daß Umweltzerstörung nicht der notwendige Preis des Wohlstands ist, sondern seine Vernichtung bedeutet. Kurz: Man hörte auf, Stück für Stück den Ast abzusägen, auf dem wir sitzen, und das so gewonnene Holz auch noch als Steigerung des Bruttosozialprodukts zu verbuchen. Wirtschaftswissenschaftler, Statistisches Bundesamt und Bundesbank erarbeiteten eine neue volkswirtschaftliche Gesamtrechnung, die Schluß machte mit dem kollektiven Selbstbetrug, Schadensbeseitigung als Wohlstandsmehrung umzudeuten.

Die alte demokratische Überzeugung setzte sich wieder durch, daß Arbeit eben nicht eine Ware ist wie Brötchen oder Autos, bei denen Angebot und Nachfrage den Preis bestimmen. Auskömmlich und gerecht bezahlte Erwerbsarbeit wurde allgemein als unverzichtbare Existenzgrundlage der Menschen und des Gemeinwesens auch in seelischer, sozialer und demokratischer Hinsicht anerkannt. Die neoliberale Ideologie, die alle gesellschaftlichen Belange dem Markt unterordnen will, verlor angesichts ihrer offensichtlichen Unfähigkeit, die Probleme zu lösen, zusehends an Überzeugungskraft und politischer Akzeptanz.

Entsprechend sah der »Öko-Sozial-Pakt 2000« aus, der in den späten Neunzigern geschlossen wurde. Die wichtigsten Programmteile, im damaligen Bundestag übrigens mit den Stimmen von SPD, CDU/CSU, Grünen und PDS verabschiedet, zeigten bald erste Wirkungen. Die ökologische Steuerreform mit der dynamischen Energiesteuer als Kern verteuerte den Ressourcenverbrauch und verbilligte über die Lohnnebenkosten die menschliche Arbeit in Schritten, die zunächst für sieben Jahre im voraus festgelegt wurden. Allein diese Reform schuf in kurzer Zeit 800 000 zusätzliche Arbeitsplätze, wie Wirtschaftsforscher errechnet haben. Die so gesenkten Arbeitskosten machten vielfältige Produkte und Dienstleistungen wieder marktfähig, die in den Jahren zuvor unbezahlbar geworden waren.

Einen weiteren Beschäftigungsschub brachte die konsequente Belastung des Transports mit den tat-

sächlich entstehenden Kosten. Bald gab es den Irrwitz nicht mehr, daß die Produktionszutaten für Joghurt in der Summe über Tausende von Lkw-Kilometern herbeigeschafft und alle Regionen Deutschlands und Europas aus allen anderen Regionen mit Joghurt-Produkten beliefert wurden.

Die regionale Wirtschaft fing an zu boomen. Das Bier aus der Eifel war zwar im Rhein-Ruhr-Gebiet noch absetzbar, konnte aber in Schleswig-Holstein gegen das Flensburger Pilsener preislich nicht mehr konkurrieren. Die Produktion in kleineren, verbrauchernahen Fabriken wurde wieder rentabel und schuf in den Regionen Arbeitsplätze, die ein jahrzehntelanger Konzentrationsprozeß zuvor vernichtet hatte.

Es rechnete sich einfach nicht mehr, Krabben aus Büsum zum Pulen nach Kiew zu karren oder nach Marokko zu fliegen, um sie dann in Kiel oder München feilzubieten. In den Regalen der Hamburger Märkte lagern jetzt nicht mehr Äpfel aus Neuseeland oder Chile, sondern aus dem Alten Land. Überall in Deutschland entstanden Arbeitsplätze, die auch geringer qualifizierten Menschen Lohn und Brot bieten.

Deutlich gesenkte Arbeitskosten, gestiegene Energiekosten und realistische Transportkosten sorgten dafür, daß längst verschwundenes Handwerk wieder interessant wurde. Viele Gebrauchsgegenstände ließ man aus Kostengründen wieder reparieren, statt sie einfach zu ersetzen. So wurde ein enormes »Arbeits«-Volumen von automatisierten Produktionsanlagen umgelenkt auf menschliche Arbeit in kleinen und *mittleren Betrieben. Gleichzeitig verminderte sich die Verkehrsbelastung in den Kommunen und auf den Autobahnen. Der Lkw-Verkehr, bekanntlich einer der schlimmsten Verursacher der klimaschädigenden CO_2-Emissionen, nahm um rund die Hälfte ab.*

Diese beschäftigungsfördernden und umweltschützenden Trends wurden noch dadurch verstärkt, daß das Kreislaufwirtschaftsgesetz zu einem »Gesetz für nachhaltiges Wirtschaften« umformuliert worden war. Danach mußte die Industrie nicht mehr nur Altgeräte zurücknehmen. Sie durfte die meisten Produkte oberhalb einer bestimmten Wertgrenze nur noch in Verkehr bringen, wenn ihre Konstruktion im Schadensfall eine Reparatur ermöglichte. So entstand neben der großtechnischen, kapital- und energieintensiven, nicht immer umweltfreundlichen Recycling-Branche ein Instandsetzungsgewerbe mit Hunderttausenden Arbeitsplätzen – weit mehr, als durch Absatzeinbußen im industriellen Produktionssektor verlorengingen.

Neue Arbeitsplätze entstanden auch in einem Bereich, den man seit Mitte der neunziger Jahre schon fast abgeschrieben hatte: in der Landwirtschaft. Im Zuge der EU-Erweiterung konnte niemand mehr die Erkenntnis leugnen, daß die alte Agrarpolitik finanziell nicht mehr tragbar und ökologisch nicht mehr verantwortbar war. Die demokratisierten EU-Entscheidungsgremien – Parlament und Kommission – verabschiedeten mit Mehrheit einen deutschen Antrag, der den ökologischen Landbau mit seiner arbeitsintensiven, umweltgemäßen Produktionsweise zum europäi-

schen Standard erhob. Den Übergang finanzierte die EU mit den Milliarden, die früher für die Lagerung und Vernichtung der Agrarüberschüsse verschwendet worden waren.

Schon Mitte der neunziger Jahre war Deutschland Weltmarktführer in Umwelttechnologien gewesen. Die deutsche Wirtschaft konnte durch den forcierten ökologischen Umbau in den folgenden Jahren ihren Know-how-Vorsprung weiter ausbauen und in beeindruckende Exporterfolge ummünzen. So entstanden zusätzliche, hochqualifizierte Arbeitsplätze – vor allem bei der Produktion von dezentralen, mit regenerativen Energieträgern arbeitenden Anlagen zur Stromerzeugung.

In der Industrie gingen der technische Fortschritt, die Rationalisierung und der Umbau der Arbeitsmethoden weiter: weg vom Fließband und hin zur Arbeit in kompetenten und sozial funktionierenden Teams. Folgerichtig verständigten sich die Sozialpartner mit der Bundesregierung auf eine Qualifikationsoffensive. Sie sollte dem Trend vorbeugen, daß immer mehr Menschen ausschieden, weil sie den steigenden Anforderungen nicht mehr gewachsen waren. Gleichzeitig entstanden durch den Abbau der allgemeinen Arbeitslosigkeit Knappheiten in bestimmten Sektoren des Arbeitsmarkts, die durch zusätzliche Qualifizierungsanstrengungen geschlossen werden mußten. Die Zeit für die notwendige Qualifizierung wurde den Arbeitskräften per Tarifvertrag zur Verfügung gestellt. Die Arbeitsämter beteiligten sich an den Kosten und verwendeten dazu Mittel, die der Bund wegen der sinkenden und kürzeren Arbeitslosigkeit eingespart hatte.

Der »Öko-Sozial-Pakt 2000« sorgte auch für eine bessere Verteilung der Arbeit. Teilzeitarbeit wurde massiv gefördert – unter anderem durch einen verbesserten Familienlastenausgleich, der es erziehenden Elternteilen materiell ermöglichte, zugunsten der Kinder auf Teile der Arbeitszeit und des Arbeitseinkommens zu verzichten. Das Sabbat-Jahr, durch steuerbegünstigtes Gehaltsansparen finanziert, wurde überall in Deutschland eingeführt. Millionen Menschen nutzen jetzt die Chance, alle sieben Jahre ein volles Jahr (oder in kürzeren Abständen entsprechend kürzer) Pause zu machen. Das führte nicht nur zu mehr Beschäftigung durch die »Sabbat-Vertreter«, sondern belebte auch den arbeitsintensiven Bildungs-, Kultur- und Freizeitbereich.

Der »Öko-Sozial-Pakt 2000« führte so zu einem neuen hohen Beschäftigungsstand. Das Klima in der Gesellschaft, das gegen Ende der neunziger Jahre noch explosionsartig geladen war, entspannte sich. Der Abbau der Massenarbeitslosigkeit und die veränderten Zeitstrukturen der Erwerbsarbeit begünstigten einen neuen Lebensstil, in dem sich die Fixierung der Menschen auf ununterbrochene, das ganze Leben ausfüllende Erwerbsarbeit zunehmend lockerte. Die Möglichkeiten für teilweise und befristete Freistellungen wurden in sozial abgesicherter Form deutlich ausgeweitet. Damit wurden die zeitlichen Spielräume der

Menschen für ökologisches, soziales und familiäres Engagement erheblich erweitert. Viele Menschen nutzten das, um für sich, je nach ihrer persönlichen Situation, einen neuen Mix zwischen Erwerbsarbeitszeit, Sozial-Arbeit und ungebundener Zeit herzustellen. Der Begriff »Zeitautonomie« wurde 2001 zum »Wort des Jahres«.

Dies hat wesentlich zum Abbau der Arbeitslosigkeit beigetragen und auch die Bedingungen für eine gleichberechtigte Teilhabe der Frauen am Erwerbsleben deutlich verbessert. Denn Teilzeitarbeit oder zeitweilig unterbrochene Erwerbstätigkeit war nun nicht mehr allein ihr »negatives Privileg« - es war mehr und mehr zum gesellschaftlichen Standard geworden, für Frauen wie für Männer. Das früher so genannte »Normalarbeitsverhältnis«, die lebenslange, ununterbrochene Vollzeiterwerbsarbeit, wurde zunehmend atypisch. Normal wurde eine flexible Lebensplanung mit phasenweise mehr oder weniger Erwerbsarbeit. Zeitweilige Freistellungen aus familiären Gründen, für Qualifizierungszwecke oder für soziale Aktivitäten wurden zur selbstverständlichen Praxis. Und so verloren geschlechtsspezifische Benachteiligungen, die früher durch die immer wieder unterbrochene oder reduzierte Erwerbsarbeit der Frauen entstanden waren, allmählich ihre Wirkung – im übrigen auch deshalb, weil die meisten Arbeitgeber nach und nach eingesehen hatten, daß solche Formen der Flexibilisierung die Leistungsmotivation der Beschäftigten keineswegs mindern, sondern vielmehr steigern.

Aus den eingesparten Mitteln für die Finanzierung der Arbeitslosigkeit und die Beseitigung der Umweltschäden finanzierte der Staat jetzt Zukunfts-Investitionen, die wiederum zu zusätzlicher Beschäftigung führten. Das Umweltbundesamt meldete wieder Verbesserungen bei allen relevanten Öko-Kennzahlen. So waren ab dem Jahr 1999 die Kernkraftwerke sukzessive vom Netz genommen, Energieeinsparung und Solarenergie massiv gefördert worden. Dies ermöglichte auch einen politischen Kompromiß bei der Mitte der neunziger Jahre noch äußerst umstrittenen Frage der Endlagerung abgebrannter Brennelemente.

Die Politiker auf Kommunal-, Länder- und Bundesebene griffen gemeinsam mit der Wirtschaft die ökonomischen und ökologischen Chancen einer verstärkten Hilfe für die Länder der Dritten Welt auf. Die Grundlage hierzu hatte eine Arbeitsgruppe der sieben Länder-Ministerpräsidentinnen gelegt. Sie hatten ein Konzept entwickelt, wie die Erfolge der Konversion der Rüstungswirtschaft in ihren Ländern international übertragbar werden könnten. Die Schirmherrschaft dieses Programms hatte die Bundespräsidentin übernommen.

Das deutsche Entwicklungsmodell eines sozialen und ökologischen Umbaus von Wirtschaft und Gesellschaft gewann auf diese Weise zusehends an Ausstrahlung, auch über den EU-Raum hinaus. Im Rahmen der Welthandelsorganisation WTO hatte sich die Erkenntnis durchgesetzt, daß soziale und ökologische Mindeststandards den Modernisierungsprozeß der

Wirtschaft nicht behindern, sondern fördern. Damit hatten sich die Parameter des weltwirtschaftlichen Wettbewerbs maßgeblich verändert, wie dann im Jahre 2004 auf der WTO/GATT-Konferenz in Kiel auch offiziell festgestellt wurde.

Die Erstarrung überwinden

Man soll ja die Hoffnung nie aufgeben. Wenn wir im Jahr 2007 diesen Bericht noch einmal nachlesen, werden wir vielleicht feststellen können: »Ja, genauso oder so ähnlich war es.« Es gibt keine sozial und ökologisch akzeptable Alternative zu einer Politik, die Frieden, Wohlstand, Gerechtigkeit und Umweltschutz auf neue Weise miteinander zu verbinden sucht – und das sowohl in Deutschland als auch auf der ganzen *einen Welt*. Es darf nicht weiterlaufen wie bisher. Es muß sich etwas ändern und bewegen.

Mein fiktiver Rückblick ist eine Utopie. Doch die Frage dahinter ist: Was müssen wir heute tun, damit wir morgen so leben, daß wir übermorgen überleben? Hierzu gibt es, wie auch viele wissenschaftliche Studien belegen (vgl. WELTKOMMISSION 1987, SRU 1994, WBGU 1996), nicht das eine Patentrezept. Auch die ökologische Steuerreform ist nur ein, allerdings wichtiger, Bestandteil einer Reformstrategie, denn sie ist ein Instrument gegen gleich zwei Erzübel der modernen Industriegesellschaft: gegen den Raubbau an den natürlichen Ressourcen und gegen die wachsende Arbeitslosigkeit, die nichts anderes ist als ein Raubbau an den Menschen.

Es gibt nicht nur Grenzwerte für Smog und Dioxin. Es gibt auch Verträglichkeitsgrenzen für Armut, Arbeitslosigkeit, Obdachlosigkeit, Gewalt und andere Zeichen gesellschaftlicher Erosion. Wir wollen und müssen nicht nur gesund und im Einklang mit der natürlichen Umwelt leben. Wir müssen nicht nur das Klima schützen, das beim Deutschen Wetterdienst erfaßt wird. Wir müssen uns ebenso um das soziale Klima kümmern, das sich in den Arbeits- und Sozialämtern oder auch bei menschenfeindlichen Aktionen gegen Ausländer niederschlägt.

Viele andere kleine, oft kleinste Schritte sind nötig und möglich, um die konzeptionslose Erstarrung, die nun schon Jahre währende bleierne Unbeweglichkeit der Politik in Deutschland zu überwinden. Wenn der gesellschaftliche Zusammenhalt nicht verlorengehen soll, dann muß Schluß sein mit der Diffamierung jener Menschen, die Sozialleistungen in Anspruch nehmen müssen. Dann muß Schluß sein mit einer Politik, die den sozial Schwächeren ein ums andere Mal ins Portemonnaie greift, aber am anderen Ende der Einkommensskala immer noch mal was drauflegt.

Willy Brandt hat – aus heutiger Sicht – Anfang der siebziger Jahre eine einfachere Ausgangsposition gehabt. Er konnte seine Ideen der Entspannungspolitik nach außen, der Demokratisierung und der sozialen Reformen nach innen positiv darstellen. Es ging um die gerechtere Verteilung der Wohlstandszuwächse, um die Überwindung erstarrter außenpolitischer Frontstellungen, später auch um ein neues Verhältnis zwischen reichen und armen Ländern (Nord-Süd-Kommission).

Heute können wir keine nennenswerten Zuwächse mehr verteilen. Es geht uns nicht schlecht, jedenfalls den meisten von uns nicht. Gemessen an den Menschen in der armen Welt geht es uns nach wie vor phantastisch. Aber die Tendenzen sind anders als zu Willy Brandts Zeiten. Wir können nicht mehr alle Bedürfnisse – mehr oder weniger gerecht verteilt – aus den Zuwächsen befriedigen. Es ist schwerer, Beifall für eine Vision von Gerechtigkeit zu finden, bei der es nicht mehr um das Verteilen der Zuwächse geht, sondern um die Gerechtigkeit des Teilens im eigenen Lande und in der ganzen Welt.

»Alternativ statt additiv!« habe ich als Finanzministerin und Ministerpräsidentin über die Landeshaushalte Schleswig-Holsteins geschrieben. Mir scheint, dies könnte ein Motto für uns alle sein. Ein Aufbruch ist fällig, um das gesellschaftliche Klima für eine andere Politik zu schaffen. Aber das können Politikerinnen und Politiker nicht allein schaffen. Wir brauchen in Deutschland und in Europa nach fünfzehn Jahren konservativen Verharrens wieder eine öffentliche Debatte über die Perspektiven der Politik, über die ethischen Grundlagen und die Ziele unseres Gemeinwesens. Wir brauchen auch den Protest gegen die Unterordnung der Politik unter den Markt, die versteckte Abdankung der Politik (Erhard Eppler), gegen den gar nicht mehr schleichenden, sondern galoppierenden Abbau des Solidarprinzips in unserer Gesellschaft. Nur dann wird es den nötigen Rückhalt für einen neuen reformerischen Aufbruch in einer schwierigen Zeit geben.

Die Koalition der Perspektivlosen

In einer Hinsicht ist die Situation doch vergleichbar mit der am Ende der sechziger Jahre: Wir haben einen Reform- und Modernisierungsstau, der zum Himmel schreit. Verantwortlich dafür sind vor allem die seit langem – zu lange – in Bonn regierende Koalition und die sie tragenden Parteien. Sie haben keine Ideen mehr, wie die sich auftürmenden Probleme gelöst werden sollen. Sie sind nicht mehr auf der Höhe der Zeit. Sie betreiben nur noch konzeptionsloses Krisenmanagement auf Kosten der Schwachen.

Eine gewisse Zeit lang ist es den alternden Yuppies von der FDP gelungen, den Begriff Modernität mit ihren Inhalten zu besetzen: die Markt- und Mediengesellschaft, die aufs Ästhetische reduzierte kulturelle Modernität der Werbeagenturen und Börsenmakler wurde zum Inbegriff dessen, was zeitgemäß und fortschrittlich ist, was deshalb als gesellschaftliches Leitbild propagiert wurde. Doch da ist der Lack inzwischen ab. In der Koalition mit dem konservativen

Machtmenschen Helmut Kohl hat es diese Partei in fast fünfzehn Jahren Regierungsbeteiligung vor allem geschafft, sich als Lobbygruppe der »Besserverdienenden« kenntlich zu machen, die nur von einem fest überzeugt sind: daß sie noch besser verdienen müssen.

Das kann der FDP für einige Zeit das Überleben sichern. So wenig »Besserverdienende« gibt es in Deutschland ja nicht. Aber wo soll der reformerische Impuls in einer Partei herkommen, die ihr demokratisch-liberales Erbe so radikal abgestoßen hat, daß der legendäre Karl-Hermann Flach heute wahrscheinlich mit einem Parteiausschlußverfahren zu rechnen hätte, auf jeden Fall aber in dieser Partei völlig marginalisiert wäre? Und wie kann eine Partei sich allen Ernstes als fortschrittlich bezeichnen, die es in wenigen Jahren geschafft hat, alle ihre profilierten Frauen in die Resignation zu treiben? In Kiel juchzten unlängst ein paar nett gescheitelte Schmuckstücke dieses neozynischen Männerclubs über die Erkenntnis, daß meteorologische Tiefs immer weibliche Namen trügen. In der Politik sei dies genauso, diktierten sie den Journalisten in die Blocks. Eine Partei in Hochstimmung!

Welche Motive kann es heute für junge Leute geben, der FDP beizutreten? Schnelles Geld und schnelle Karriere – mir fallen keine anderen ein. Genauso sehen die smarten blau-gelben Jungpolitiker auch aus, für die Leistung – getreu dem Motto: »Leistung muß sich wieder lohnen« – ausschließlich in Geld gemessen wird und die sich zugleich arrogant über die angebliche »Vollkasko-Mentalität« der Deutschen auslassen. Damit meinen sie dann die Höhe der Arbeitslosenhilfe oder Sozialhilfe.

Die Anbetung des Marktes hat inzwischen bei einigen Jüngern dieser Couleur geradezu religiöse Züge angenommen. Der Individualismus aber, der von dieser Partei zum politischen Programm erhoben wird, ist der Individualismus der Wolfsgesellschaft.

Ich will, daß alle Menschen – nicht nur die Stärkeren – ihre Individualität und Leistungsfähigkeit entwickeln können. Dafür brauchen wir ein sozialstaatliches Fundament, das auch denen, die in der Marktkonkurrenz nicht ganz vorn mitmischen, die Entfaltung ihrer Fähigkeiten ermöglicht. Dieses Fundament ist in den letzten Jahren mehr als brüchig geworden. Es muß nicht abgeschafft, es muß entsprechend den modernen Problemlagen erneuert werden.

Von der jetzigen FDP erwarte ich also nichts mehr. Ich fürchte, sie wird sich eines Tages trotz aller Abgrenzungsbemühungen der derzeitigen Parteiführung in Richtung der bräunlichen österreichischen FPÖ bewegen. Wenn sie sich weiter vor allem als Interessenpartei der Besitzenden definiert und ihr linksliberales Erbe endgültig in der Versenkung verschwinden läßt, ist ihr natürlicher Platz im politischen Spektrum ganz rechts. Sollte sie wider Erwarten doch noch die Kraft für einen modernen, aufgeklärten Liberalismus entwickeln, würde sie auch für Sozialdemokraten wieder bündnisfähig. Aber so, wie sie sich heute präsentiert, ist sie die Partei des Problems, nicht der Problemlösung. Deswegen habe ich nach den letzten Wahlen in

Schleswig-Holstein auch keinen Moment daran gedacht, eine (vom Südschleswigschen Wählerverband tolerierte) Koalition mit der FDP zu bilden. Die politische Schnittmenge zwischen SPD und FDP – auch auf Landesebene – ist einfach zu klein.

Die CDU/CSU kann sich als Volkspartei eine derartige Verengung ihres politischen Spektrums nicht leisten. Aber sie ist eine Gefangene der Bonner Koalition und hat den radikalen Markt-Ideologen in der FDP und in den eigenen Reihen nichts Eigenständiges entgegenzusetzen. Ursprünglich hat Helmut Kohl die Macht in Bonn mit dem Versprechen einer »geistig-moralischen Wende« übernommen. Inspiriert von Leuten wie dem schon lange ins politische Abseits geschobenen Heiner Geißler hieß es, die neue Regierung werde die Werte der Familie und der Mitmenschlichkeit wiederbeleben, während die Sozialdemokratie mit dem angeblich kalten, abstrakten und bürokratischen Sozialstaatsprinzip gleichgesetzt wurde, in dem nur die organisierten Interessen, namentlich die der Gewerkschaften, eine Chance hätten. Nun also eine Regierung, die die »neue soziale Frage« entdeckt hatte, die für die Einsamen, die Alten, die Unorganisierten und Wehrlosen dasein wollte. Der barocke Helmut Kohl, der sich gar nicht erst die Mühe gibt, zu intellektualisieren oder einen komplizierten Sachverhalt differenziert zu erläutern, der biedere Familienvater, der alle Probleme auf sprachlich einfachem Niveau abhandeln kann, verkörpert diese Verheißung bis heute. Doch wo sind wir gelandet?

Nie war die Altersarmut alarmierender als heute. Nie hat eine Nachkriegsregierung sich gerade an den Ärmsten der Armen, an den unorganisierten Arbeitslosen, an den Sozialhilfeempfängern, an den alleinerziehenden Frauen so ungeniert schadlos gehalten, um die angeblich notwendigen Steuerentlastungen für die Reichen finanzieren zu können. Nie war die Gesellschaft so familien- und kinderfeindlich wie heute. Bei der Lohnfortzahlung im Krankheitsfall hat sich die Regierung zwar vorerst nicht voll durchsetzen können, weil die Gewerkschaften die gesetzliche Verschlechterung nicht hingenommen haben. Aber jene Machtlosen außerhalb der organisierten Interessengruppen, die Heiner Geißler seinerzeit zu Subjekten seiner neuen Strategie ernannt hatte, sind heute machtloser denn je. Da wird über »Anspruchsdenken« und »Neidkomplexe« lamentiert, da werden jene, die auf Transfereinkommen angewiesen sind, mehr oder weniger deutlich als Schmarotzer diffamiert, die sich ohne Rücksicht auf die Allgemeinheit in der »sozialen Hängematte« ein schönes, arbeitsfreies Leben im »Freizeitpark« Deutschland machen …

Ja, es hat tatsächlich eine geistig-moralische Wende stattgefunden. Nur nicht die, die Kohl am Anfang seiner Regierungszeit seinen Wählern weismachen wollte. Die Jahre der konservativ-liberalen Koalition wurden zu einer Ära der hemmungslosen Bereicherung, der Rücksichtslosigkeit der Starken, der ungehinderten Entfaltung wirtschaftlicher Macht. Das ist alles andere als eine Rückbesinnung auf den Wert des Individuums gegenüber dem Kollektiv, oder gar alter bürgerlicher Tugenden. Es läuft in der Tendenz auf die vollständige Unterordnung des einzelnen unter die kapitalistischen Prinzipien des Marktes hinaus. Und weil dabei so viele unter die Räder geraten, drohen unserer Gesellschaft schwere Verwerfungen.

»Eigentum verpflichtet. Sein Gebrauch soll zugleich dem Wohle der Allgemeinheit dienen.« So steht es im Grundgesetz – immer noch. Was die Bonner Koalition daraus gemacht hat, könnte ungefähr so formuliert werden: »Die Allgemeinheit ist verpflichtet, dem Wohle des Eigentums zu dienen.« Dabei habe ich wirklich nichts gegen Eigentum. Es geht gar nicht darum, den Besserverdienenden am Zeug zu flicken oder gar eine »Neidkampagne« starten zu wollen. Schlimm ist nur die Umkehrung der Werte, die sich unter dem sich ehrlich und bieder gebenden Patronat des Kanzlers in unserer Gesellschaft vollzogen hat.

Aus dem angekündigten Zeitalter der »neuen Solidarität« ist in Wirklichkeit ein »Zeitalter des Egoismus« geworden. Dies zieht sich durch alle Bereiche der Politik, von der Sozialpolitik über die Steuerpolitik, die zum Teil unmenschliche Asylpolitik bis zur Politik der deutschen Einheit, die in Teilen nichts weiter war als ein Aufruf an die Reichen, sich im ostdeutschen Discountladen der Treuhand zu Spottpreisen zu bedienen. Das Ergebnis ist eine gesellschaftliche Desintegration, die am unteren Ende der sozialen Pyramide zu Apathie, Aggression und zum Teil auch zu offenem Rechtsradikalismus geführt hat.

Ich weiß nicht, ob es sich dabei um ein bewußtes Kalkül an der Spitze der Unionsparteien handelt. Zumindest dem CDU-Fraktionsvorsitzenden Schäuble traue ich das zu. Er ist in mancher Hinsicht das Alter ego des Gemüts- und Machtmenschen Helmut Kohl – kühl, berechnend, strategisch denkend und von taktischer Raffinesse. Die sozialen Erosionsprozesse treiben einen Teil der Bevölkerung in die politische Ohnmacht. Ein Ergebnis ist die seit Jahren sinkende Wahlbeteiligung. Wenn aber die gesellschaftliche Unzufriedenheit in Wahlen keinen politischen Ausdruck mehr findet, steigen die Chancen derjenigen, die an der Macht sind und keine dramatischen Fehler machen.

Ein solcher dramatischer Fehler könnte die allzu offene Parteinahme der Regierungskoalition gegen die »kleinen Leute« sein. Die Union muß als Volkspartei – anders als ihr Koalitionspartner – auf ein Mindestmaß an sozialer Symmetrie achten, wenn sie ihre Wählerbasis nicht gefährden will. Aber nach vielen Jahren, in denen die Regierung Sozialpolitik vor allem mit dem Schlachtermesser betrieben hat, sind die Sozialausschüsse der CDU nur noch ein Schatten ihrer selbst, ein Verein mit dutzendfach gebrochenem Rückgrat, ohne jeden realen Einfluß auf die Politik der Koalition. Sie sind daher nicht mehr in der Lage, in der Öffentlichkeit soziale Ausgewogenheit glaubhaft zu machen. Wie angeschlagen ist doch eine einst auch beim politischen Gegner hoch respektierte Person wie Bundessozialminister Blüm, der nach dem mißglückten Abenteuer mit der gesetzlichen Absenkung der Lohnfortzahlung lauthals über die Konfliktscheu der Unternehmer jammerte, die nicht in der Lage seien, die Vorlage der Regierung in ein Tor zu verwandeln!

Diese Bonner Regierung steht den notwendigen politischen Reformen in der Bundesrepublik nur noch im Wege. Sie hat keine politische Phantasie, keine über den Tag hinausreichende Zukunftsvorstellung. Sie kann nichts mehr gestalten, ist konzeptionell ausgebrannt und personell verbraucht. »The times, they are a-changin'«, hat Bob Dylan vor langen Jahren gesungen. Im Deutschen klingt das etwas profaner: Die Zeiten ändern sich. Zweifellos, das müssen sie auch!

»Zwölf Jahre des hemmungslosen Egoismus«, so einer der Wahlslogans von Bill Clinton 1992, »sind genug«; die Werte der amerikanischen Nation, die Verantwortung für die Gemeinschaft und das Miteinander ihrer Bürger müßten wiederbelebt werden. Warum sollte, was in den Vereinigten Staaten gelungen ist, was in England bevorsteht, nicht auch in Deutschland möglich sein?

Ist die SPD bereit?

Sicher sind Personen in der Politik wichtig. Politische Inhalte werden von Personen verkörpert und öffentlich transportiert. Das gilt auch für die Opposition in Bonn. Aber umgekehrt gilt auch: Ohne identifizierbare politische Inhalte transportieren Personen nichts als sich selbst. Und das wäre denn doch zuwenig, um die Notwendigkeit eines politischen Machtwechsels zu begründen. Es mag im Medienzeitalter unmodern klingen: Zur Zeit kommt es vor allem darauf an, über den Zustand unserer Gesellschaft, also über politische Inhalte zu reden. Allein das ist schon ein Kontrast zum großen Entpolitisierer im Kanzlerbungalow.

Was hilft es, jetzt schon über noch so attraktive Kanzlerkandidatinnen und -kandidaten zu diskutieren? Wenn die Inhalte nicht stimmen, werden die genannten Personen schnell als politische Hohlkörper erscheinen. Und dies um so mehr, als es die Sozialdemokratische Partei in Deutschland nicht gerade mit einer wohlwollenden Presselandschaft zu tun hat. Es scheint ein beliebtes Gesellschaftsspiel für Journalisten geworden zu sein, jeden Anflug einer Rivalität zwischen den führenden SPD-Köpfen weidlich aufzubauschen, während dasselbe in anderen Parteien als eher natürliche Meinungspluralität in der Spalte »Kurzmeldungen« auftaucht.

Ist die SPD überhaupt bereit für den fälligen Wechsel? Alle Leserinnen und Leser, die nun auf ein paar kräftige Worte über das sozialdemokratische Spitzenpersonal warten, muß ich enttäuschen. Meine Skepsis bezieht sich nicht auf die wenigen Personen, die für eine Kanzlerkandidatur in Frage kommen, oder die zahlreicheren, die sich selbst für geeignet halten. Sie bezieht sich auch nicht auf die immer wieder schwierige Balance zwischen den verschiedenen Spitzenpositionen, die schon während der sozialliberalen Ära nur zeitweise gelungen war. Derartige Probleme haben andere Parteien auch. Vielleicht werden sie in einer konservativen Partei wie der CDU/CSU durch ein ausgeprägteres Gefühl für Rang- und Hackordnungen stärker gedämpft.

Größere Sorgen macht mir das immer noch nicht deutlich genug erkennbare politische Profil der SPD. Wir hatten über Jahre hinweg nicht nur mehrere ernannte und selbsternannte Spitzenkandidaten, sondern auch für jedes Thema mindestens zwei Antworten: Die einen profilierten sich in der Umweltpolitik, die anderen agierten eher in der Standortlogik der Industrie. Die einen empörten sich über die rigorose Einengung des Asylrechts, die anderen verhalfen aus Angst vor den Rechtsradikalen Schäubles Gesetzentwurf über die Hürden. Die einen waren für, die anderen gegen eine höhere Mehrwertsteuer, die einen für, die anderen gegen den Einsatz der Bundeswehr in Bosnien, die einen für, die anderen gegen Rot-Grün, und so weiter und so fort.

Kein Wunder, daß die Medien sich genußvoll auf die programmatischen und personellen Querelen in der SPD gestürzt haben. Was hätten sie auch anderes tun sollen? Dabei waren die meisten aber nicht so fair zuzugeben, daß die SPD angesichts der konzeptionellen Funkstille im Regierungslager bestimmte Diskussionen stellvertretend für die gesamte Gesellschaft führen mußte. Es war also nicht nur die Streitlust der SPD, sondern auch die Vielschichtigkeit der politischen Probleme, die zu differenzierten und sogar konträren Positionen in der Partei geführt hat. Von der Öffentlichkeit wurde das durchweg als mangelnde Eindeutigkeit der politischen Aussagen wahrgenommen. Der konservative Kanzlerwahlverein hatte es da leichter.

Eine Alternative zur herrschenden politischen Immobilität der Regierungskoalition hat aber nur dann eine Chance, wenn realistische Reformperspektiven für die heutige Gesellschaft erkennbar und nachvollziehbar werden. Die jetzige Regierungskoalition ist konzeptionell am Ende. Von ihr ist nichts weiter zu erwarten als die Fortsetzung dessen, was uns in die Krise geführt hat. Ein politischer Neuanfang ist überfällig. Die Konzepte dafür haben sich die Sozialdemokraten in langen, teils schwierigen Diskussionen erarbeitet. In einigen Bereichen ist dieser Prozeß noch nicht ganz abgeschlossen.

Wenn die SPD ihre Konzepte sichtbar machen kann, wird sie auch die Abwanderung der jungen Leute in andere politische Lager stoppen können. Untersuchungen haben ergeben, daß junge Frauen primär zu den Grünen und junge Männer primär zu den Schwarzen abwandern. Wenn er anhielte, wäre das ein bedenklicher Trend für die SPD, der langfristig ihre Existenz als große Volkspartei in Deutschland bedrohte. Die Kommunalwahlen des Jahres 1996 in Stuttgart und anderen Großstädten zeigen, daß diese Entwicklung in einigen Bereichen bereits im Gange ist. Die Ursachen sind vielfältig. Sie hängen auch mit dem gestiegenen Selbstbewußtsein der jungen Frauen und der wachsenden Unsicherheit der Männer zusammen, die sich ihrer traditionellen Geschlechter- und Berufsrolle unsicher sind und Halt in konservativen Einstellungen suchen.

Anderseits gibt es eine hohe inhaltliche Übereinstimmung von Jugendlichen mit Positionen der SPD. Nach jüngsten Umfragen, vom Bundesforschungsministerium in Auftrag gegeben, haben die Themen Arbeit (79 Prozent), Umwelt (72 Prozent) und Sozialstaatlichkeit (42 Prozent) bei den befragten Jugendlichen die höchste Priorität. Die Jugendlichen fordern eine Verbesserung der Ausbildungs- und Lehrstellensituation. Sie befürworten moderne Technologien, allerdings nicht unkritisch. Der Einsatz von Gentechnik bei Lebensmitteln (85 Prozent) wird mehrheitlich ebenso abgelehnt wie die Kernenergie (69 Prozent) und der Transrapid (51 Prozent). Die höchste Akzeptanz bei den Jugendlichen fanden die Solarenergie mit 92 Prozent, aber auch Elektroautos (84 Prozent), Computer (80 Prozent) und das Internet (63 Prozent). Ein insgesamt niederschmetterndes Ergebnis für die Forschungspolitik der gegenwärtigen Regierungskoalition, die nun – wie Bundesforschungsminister Rüttgers bei der Vorstellung der Untersuchung ankündigte – ausgerechnet mit einer »offensiven Informationskampagne« für die Gentechnologie reagieren will (Frankfurter Rundschau, 18. 1. 1997).

Genau so geht es nicht: die Menschen mit Propaganda auf Linie bringen zu wollen, wenn sie unliebsame Meinungen vertreten. Die SPD muß sichtbar machen, daß die Probleme der modernen Gesellschaft nur auf inhaltliche Art und Weise gelöst werden können und daß sie dafür Konzeptionen anbietet, die zukunftsweisend und damit tragfähiger sind als die der anderen Parteien. Wenn meine Partei – wie jüngst auf lokaler Ebene in Stuttgart und in Frankfurt – nicht mehr in der Lage wäre, sich als gestaltende politische Kraft zu präsentieren, würde sie auf die Dauer bedeutungslos. Der Niedergang wäre dann verdient, und die Akteure der innerparteilichen Querelen, die ihn begleiten, erinnerten an Ertrinkende, die sich gegenseitig aus dem rettenden Boot schubsen.

Wir Sozialdemokraten haben als erste über qualitatives Wachstum gesprochen. Wir haben als erste versucht, ökonomische, soziale und ökologische Entwicklungsperspektiven zu einem politischen *Projekt der nachhaltigen, umweltverträglichen Entwicklung* zu bündeln. Wir sind deshalb am ehesten in der Lage, einen Zukunftsentwurf umzusetzen, der nicht zu wachsender gesellschaftlicher Desintegration und ökologischer Zerstörung, sondern zu mehr Wohlfahrt und Gerechtigkeit, zu mehr individueller Freiheit und ökologischer Stabilität führt. Auf dem Feld der Gesellschaftspolitik muß die SPD allerdings noch deutlicher machen, wie aus dem alten Sozialstaat eine neue, aktive Bürgergesellschaft werden kann.

Die SPD muß jetzt die Partei des gesellschaftlichen Zusammenhalts *und* der Freiheit, der Eigenverantwortlichkeit *und* der sozialen Grundsicherung, der

Individualität *und* des Gemeinwohls, der wirtschaftlichen Modernisierung *und* der ökologischen Zukunftssicherung werden. Denn all dies steht nicht im Widerspruch zueinander, sondern muß auf neue Weise miteinander verknüpft werden. So entsteht ein politisches Reformprojekt, das auf der Höhe der Zeit ist. So stellen wir dem perspektivlosen Konservatismus und dem zynischen Individualismus der gegenwärtigen Koalition an der Schwelle zum 21. Jahrhundert einen politischen Zukunftsentwurf entgegen, in dem unsere alten emanzipatorischen Anliegen auf neue, zeitgemäße Weise zum Tragen kommen.

Exkurs über die rot-grüne Koalition in Schleswig-Holstein

Seit der Landtagswahl von 1996 in Schleswig-Holstein sind meine Zweifel über den Wert der Demoskopie noch größer als schon zuvor. Bis wenige Tage vor der Wahl hatten uns die Meinungsforscher erzählt, unsere Politik finde überwiegend die Zustimmung der Wählerinnen und Wähler. Die Demoskopen hielten es sogar für möglich, daß wir auch in Zukunft allein weiterregieren könnten. Und dann der Absturz für die SPD um mehr als sechs Punkte auf unter vierzig Prozent! Die Partei blieb zwar stärkste politische Kraft im Lande, aber nur knapp.

Ich sage offen: Ich war enttäuscht von dem Wahlergebnis und fühlte mich auch ein bißchen verführt durch die vorherigen Umfragen. Vielleicht hätten sich viele von uns im Wahlkampf noch stärker ins Zeug gelegt, wenn wir die Gefahr geahnt hätten. Es war auch kaum ein Trost, daß die anderen SPD-Landesverbände bei den gleichzeitig stattfindenden Landtagswahlen in Rheinland-Pfalz und Baden-Württemberg ähnlich hohe Verluste hinnehmen mußten, daß unser Ergebnis also im Rahmen eines bundesweiten Trends lag. Ich hatte gehofft, den ungünstigen Bundestrend zumindest hier im Norden durch meinen persönlichen Einsatz begrenzen zu können. Auch das hat sich als Wunschtraum erwiesen und mich ernüchtert, was die These von der Personalisierung der Politik angeht. Offenbar nützt eine hohe und zustimmende Popularität der Spitzenkandidatin im Lande nichts, wenn es stärkere allgemeine Trends gibt.

Wie deute ich das Wahlergebnis? Ich bin überzeugt, daß die Sozialdemokraten bei dieser Wahl unter ihren Möglichkeiten geblieben sind. Sie können bessere Ergebnisse erzielen, wenn die allgemeinen politischen Rahmenbedingungen günstiger sind, als sie es im Frühjahr 1996 waren. Hinzu kam ein Absturz von über zehn Prozent in der Landeshauptstadt Kiel, der durch hausgemachte Querelen auf kommunaler Ebene mit verursacht war – das schlug kräftig auf das Landtags-Wahlergebnis durch.

Auf der anderen Seite müssen wir, das heißt die SPD als führende Regierungspartei, uns klar darüber sein, daß es in Schweswig-Holstein eine starke konservative Grundströmung gibt, die jahrelang durch die Barschel-Affäre und ihre Folgen überdeckt wurde. Der moralische Opfer-Bonus, von dem die Sozialdemokraten bis zur vorletzten Landtagswahl profitiert hatten, ist spätestens mit den für die SPD zum Teil peinlichen Ergebnissen des Untersuchungsausschusses zur sogenannten »Schubladen-Affäre« verbraucht.

Obwohl für mich immer noch eindeutig ist, wer in dieser Geschichte Täter und wer Opfer war: Es hat auch auf unserer Seite – um es milde auszudrücken – Ungereimtheiten gegeben, die zu Recht ans Licht der Öffentlichkeit geholt worden sind. Ich selbst habe mich während der Untersuchungen mit Meinungsäußerungen zurückgehalten – erstens, weil ich während der Barschel-Affäre gar nicht in Kiel, sondern als Bundestagsabgeordnete in Bonn war und deshalb zu den internen Vorgängen von damals nichts sagen kann, und zweitens, weil mir daran gelegen war, daß der Ausschuß unbeeinflußt seine Arbeit tun konnte.

Die Affären sind nun vorbei. Die Untersuchungsausschüsse haben ihre Arbeit abgeschlossen. Aber immer wieder zeigt sich, daß die Wunden noch nicht verheilt sind und die alten Gräben schnell wieder aufreißen können. Wir müssen uns also noch mehr anstrengen, damit wieder Normalität in die Landespolitik einkehrt und nur noch die politische Leistung zählt – der Ministerpräsidentin, der rot-grünen Koalitionsregierung, der Landes- und der Bundespartei. Wir müssen in Zukunft wieder um Mehrheiten im Lande kämpfen. Vielleicht ist der Warnschuß der Landtagswahlen von 1996 gerade noch rechtzeitig gekommen, um dies unmißverständlich klarzumachen.

Ich habe im Wahlkampf um eine SPD-Mehrheit gekämpft, leider vergeblich. Mir war sofort nach Bekanntgabe der ersten Hochrechnungen klar, daß wir eine Koalition mit den Grünen eingehen mußten. Eine Ampelkoalition mit der FDP und dem Südschleswigschen Wählerverband SSW hätte auf wackligen Füßen gestanden – nicht nur wegen der knappen Mehrheitsverhältnisse im Parlament, sondern auch, weil es schwierig gewesen wäre, SSW und FDP unter einen Hut zu bringen. Auch mir selbst wäre eine Koalition mit der hiesigen FDP schwergefallen, mit der keine Reformpolitik, sondern nur eine Klientelpolitik zu machen gewesen wäre.

Andererseits ist die rot-grüne Koalition in Schleswig-Holstein nicht meine Traumkonstellation. Die liebste Koalition ist mir immer noch die mit der SPD und ihren verschiedenen Flügeln – und die ist schon schwierig genug. Ich habe die Grünen im Wahlkampf nicht geschont, obwohl ich wußte, daß ich möglicherweise nachher mit ihnen würde koalieren müssen. Moralisches Besserwissertum geht mir in allen Parteien gegen den Strich. Aber wenn es dann noch gepaart ist mit blauäugiger Naivität über das politisch Machbare, fällt es mir schwer, nicht ausfallend zu werden. »Mit uns wird es einen sofortigen Ausstieg aus der Atomenergie geben«, hatten einige Grüne im Wahlkampf versprochen. Nach der Wahl hieß es dann: »Wir werden selbstverständlich die Gesetze einhalten.« Mit anderen Worten: Wir würden zwar gern, aber unter den gegenwärtigen Bedingungen geht es halt nicht. Genauso sehen wir das auch.

Die Grünen haben großenteils geerntet, was die SPD in Schleswig-Holstein politisch gesät hat. Die schleswig-holsteinischen Sozialdemokraten haben bereits seit Jochen Steffen ein dezidiert ökologisches Profil. Aber die Wählerinnen und Wähler haben das nicht honoriert. Besonders die Jungwähler und die Frauen sind zu den Grünen gegangen, obwohl die eigentlich das gleiche Problem mit dem Nachwuchs in der Partei haben wie wir. Die Grünen, die uns in den Koalitionsverhandlungen gegenübersaßen, waren bis auf wenige Ausnahmen in unserem Alter. Und doch vermittelt sich nach außen ein anderer Eindruck. Die Grünen beziehen sich auf Bürgerinitiativen, auf Kleingruppen, auf Probleme vor Ort, während die SPD als Großorganisation eher darauf angelegt ist, allgemeine Intereressen aufeinander abzustimmen. Es sind unterschiedliche Parteikulturen, die die Zusammenarbeit manchmal schwierig machen.

Trotzdem haben wir es in Schleswig-Holstein in dieser Hinsicht leichter als die Sozialdemokraten in anderen Bundesländern, etwa in Nordrhein-Westfalen oder Hamburg. In Hamburg gibt es zum Beispiel die Aluminiumwerke und eine Arbeitslosigkeit von über zwölf Prozent. Es ist klar, daß Henning Voscherau sich mit grünen Themen schwerer tut, weil er befürchten muß, daß bei einer Schließung jeder ökologisch problematischen Produktion große Beschäftigungsbereiche wegbrechen. Ähnliches gilt für Nordrhein-Westfalen mit dem Bergbau und anderen traditionellen Industrien mit großen Umweltbelastungen. In Schleswig-Holstein haben wir eine derart starke Industrialisierung nie gehabt. Wir haben gleich den Sprung von der Agrar- in die Dienstleistungsgesellschaft gemacht und können deshalb auch sehr viel leichter »grün« argumentieren.

Möglicherweise trägt das dazu bei, daß – nach schwierigen Koalitionsverhandlungen – die alltägliche Zusammenarbeit im Kabinett ziemlich reibungslos läuft. Die SPD hat akzeptieren müssen, Posten und Kompetenzen abzugeben. Dazu hat die Erkenntnis beigetragen, daß vieles, was die Grünen in den Koalitionsvertrag hineingeschrieben haben, vielleicht etwas kantiger, etwas schärfer formuliert ist als früher, aber es ist im Kern SPD-Politik. Wir wollen ja auch den Atomausstieg, die ökologische Erneuerung der Wirtschaft, die Gleichstellung der Frauen. Wir befürworten auch ein für alle Schichten offenes, Kreativität und Selbstbewußtsein förderndes Bildungssystem. Wir kämpfen gegen soziale Ausgrenzung und arbeiten für ein Gemeinwesen, an dem alle Bürgerinnen und Bürger demokratisch mitwirken können.

Insofern ist die rot-grüne Koalition in Schleswig-Holstein mehr als Koalitionsarithmetik und Parteiengerangel (obwohl sie das auch ist). Rot und grün, sozial und ökologisch – das ist *die* Reformperspektive für die Zukunft, sowohl auf Landesebene wie im Bund. Deshalb muß die Politik der Sozialdemokratischen Partei in jedem Fall dieser Linie folgen, ob mit den Grünen oder ohne sie. Daß wir dabei mit den Grünen nicht nur kooperieren, sondern auch konkurrieren, ist kein Gegenargument. Entscheidend ist, daß wir sachlich und fair miteinander umgehen und die Koalition zum Erfolg führen.

Ich registriere aufmerksam, daß bei den Grünen – zumindest bei einigen Hoffnungsträgern – die Meinung an Boden gewinnt, man solle bei unveränderten politischen Zielen lieber mit den Unionsparteien ein Bündnis eingehen. Dies erlaube eine deutlichere politische Profilierung der grünen Partei. Ohne mich in die innergrüne Diskussion einmischen zu wollen: Dies liefe auf ein gefährliches politisches Täuschungsmanöver gegenüber der eigenen Wählerbasis hinaus. Es mag ja sein, daß sich Grün gegen Schwarz besser abhebt als gegen Rot. Aber wenn die grüne Partei ökologische Ziele nicht nur proklamieren, sondern auch politisch umsetzen will, kann sie sich die Partner nicht beliebig aussuchen.

Beide Parteien, SPD und Grüne, werben schon jetzt um Wähler bei der nächsten Landtagswahl im Jahr 2000. Ich werde mich hüten, die Wahlchancen der SPD dadurch zu mindern, daß ich – aus Frust über das Wahlergebnis – die Grünen wie den »letzten Dreck« behandle. Die Grünen sind zur drittstärksten politischen Kraft in Deutschland geworden. Sie haben sich professionalisiert und politisch diversifiziert. Sie sind keine Ein-Punkt-Partei mehr. Sie werden als Machtfaktor und Konkurrenz auf der politischen Bühne bleiben. Ich muß sie deswegen nicht lieben, aber ich muß mich auf sie einstellen.

Ausblick auf die nächste Bundestagswahl

Bleibt also für die Bundestagswahl 1998 nur die Option Rot-Grün? Die Koalitionsarithmetik ist nicht das Problem. Jeder Mensch, der zählen kann, wird die rechnerischen Möglichkeiten schnell beisammen haben. Mir kommt es darauf an, was politisch in den nächsten Jahren getan werden muß. Die Gesellschaft entwickelt sich in Deutschland, aber nicht nur hier, in die falsche Richtung. Ich will weder abgeschirmte Wohnghettos für die Reichen noch Suppenküchen für die Armen. Es gilt in der Bundesrepublik Deutschland, in Europa und in der Welt den wirtschaftlichen Prozeß zum Wohle der Menschen und zum Schutz der Natur zu gestalten und unsere Zukunft nicht einem entfesselten Kapitalismus zu überlassen.

Regierung und Parlament werden Ende der neunziger Jahre in die alte/neue Hauptstadt Berlin umziehen. Die neue »Berliner Republik« signalisiert auch räumlich das Ende der Nachkriegszeit, in der die Nachwehen von Faschismus und Krieg die innen- und außenpolitische Situation der beiden Deutschland diesseits und jenseits des Eisernen Vorhangs bestimmt haben.

Mit der Wende von 1989 sind wir in ein neues Zeitalter eingetreten. Die bipolare Struktur der Welt und der Weltbilder ist untergegangen. Wir müssen nach neuen Orientierungen für unser Gemeinwesen suchen: nicht mit den Antworten von gestern, sondern mit der Perspektive einer modernen aktiven Bürgergesellschaft.

Das ist nicht unmöglich. Die Sozialdemokratie hat die politischen Konzepte, um den Herausforderungen an der Schwelle des nächsten Jahrhunderts gerecht zu werden. Dies ist nicht das Ende des sozialdemokratischen Zeitalters. Im Gegenteil: Die Sozialdemokratie ist gefragt wie nie. Wir müssen unsere Positionen nur offensiv genug vertreten, um den Menschen die Wahl zwischen Beharrung und Erneuerung zu ermöglichen. Die derzeitige Bonner Politik hat nur eine Perspektive: den Machterhalt. Wenn wir ihr eine realistische politische Alternative entgegenstellen, wenn wir bis weit in die Wählerklientel der heutigen Koalition hinein deutlich machen können, daß wir nicht den kontinuierlichen Abriß, sondern den Umbau unseres demokratischen und sozialen Gemeinwesens brauchen – daß es um die Zukunftsfähigkeit Deutschlands geht, dann werden sich die parlamentarischen Mehrheiten dafür auch einstellen.

Literatur

AGENDA 21. Agreements on Environment and Development, Rio de Janeiro 1992
Beck, Ulrich, Die Erfindung des Politischen, Frankfurt a. M. 1993
–, Spiegel-Essay, Der Spiegel, Nr. 20/1996
Berliner Erklärung – Zur Halbierung der Arbeitslosigkeit bis zum Jahr 2000, vorgestellt von der Berliner Senatorin für Arbeit und Frauen, Christine Bergmann, Berlin 1994
Binswanger, Hans-Christoph u. a., Arbeit ohne Umweltzerstörung. Strategien für eine neue Wirtschaftspolitik, Neuauflage, Frankfurt a. M. 1988
Bund für Umwelt und Naturschutz Deutschland (BUND)/Misereor (Hg.), Zukunftsfähiges Deutschland. Ein Beitrag zu einer global nachhaltigen Entwicklung, Basel 1996
Bundesverband Junger Unternehmer/Bund für Umwelt und Naturschutz Deutschland, Plädoyer für eine öko-soziale Marktwirtschaft, Bonn 1993
Deutsches Institut für Wirtschaftsforschung (DIW), Wirtschaftliche Auswirkungen einer ökologischen Steuerreform. Gutachten im Auftrag von Greenpeace, Berlin 1994
Dürr, Hans-Peter, Die »Bankräuber-Gesellschaft« hat keine Zukunft, in: Standpunkt, Nr. 5/1996, Hg. Industriegewerkschaft Metall, Frankfurt a. M.
Eichstädt-Bohlig, Franziska, Strategien gegen Arbeitslosigkeit, Berlin 1994, zitiert aus: Kempe 1995
Enquetekommission »Schutz der Erdatmosphäre« des 12. Deutschen Bundestages (Hg.), Mehr Zukunft für die Erde. Nachhaltige Energiepolitik für dauerhaften Klimaschutz, Bonn 1995
Etzioni, Amitai, Die Entdeckung des Gemeinwesens. Ansprüche, Verantwortlichkeiten und das Programm des Kommunitarismus, Stuttgart 1995

Förderverein Ökologische Steuerreform, Der Weg zur ökologischen Steuerreform. Weniger Umweltbelastung und mehr Beschäftigung, München 1994
Gore, Al, Wege zum Gleichgewicht. Ein Marshall-Plan für die Erde, Frankfurt a. M. 1993
Harborth, Hans-Jürgen, Dauerhafte Entwicklung statt globaler Selbstzerstörung, 2. Aufl., Berlin 1993
Hartz, Peter, Jeder Arbeitsplatz hat ein Gesicht – Die Volkswagen-Lösung, Frankfurt a. M. / New York 1994
Hauser, Richard / Hübinger, Wolfgang (Hg.), Arme unter uns, Deutscher Caritasverband, Freiburg i. Br. 1993
Hengsbach, Friedhelm, Abschied von der Konkurrenzgesellschaft. Für eine neue Ethik in Politik, Wirtschaft und Gesellschaft, München 1995
Huber, Joseph, Nachhaltige Entwicklung. Strategien für eine ökologische und soziale Erdpolitik, Berlin 1995
Jahrbuch Ökologie 1972–1997, München 1971–1996
Jänicke, Martin (Hg.), Umweltpolitik der Industrieländer, Berlin 1996
Jochimsen, Reimut, Theorie der Infrastruktur, Tübingen 1966
Jonas, Hans, Das Prinzip Verantwortung, 5. Aufl., Frankfurt a. M. 1979
Kempe, Martin, ZukunftsArbeit – Wege aus der sozialen Krise, Frankfurt a. M. 1995
Kumeyer, Christiane u. a., Projektbericht, in: agis info der Universität Hannover, Nr. 2, Juni 1996
Martin, Hans-Peter / Schumann, Harald, Die Globalisierungsfalle. Der Angriff auf Demokratie und Wohlstand, Reinbek bei Hamburg 1996
Meyer, Antje, Heide Simonis. Deutschlands erste Ministerpräsidentin, Bergisch Gladbach 1994
Projektgemeinschaft Deutsches Institut für Wirtschaftsforschung (DIW) / Institut für Wirtschaftsforschung (IFO) / Institut für Wirtschaftsforschung Halle (IWH) / Rheinisch-Westfälisches Institut für Wirtschaftsforschung Essen (RWI), Endbericht: Aktualisierte Berechnung der umweltschutzinduzierten Beschäftigung in Deutschland, Hg. Bundesministerium für Umwelt, Naturschutz und Reaktorsicherheit, Bonn 1996

Rat von Sachverständigen für Umweltfragen (SRU), Umweltgutachten 1994. Für eine dauerhaft-umweltgerechte Entwicklung, Stuttgart 1994
Reich, Robert B., Die neue Weltwirtschaft, Frankfurt a. M./Berlin 1993
Riehl-Heyse, Herbert, Ich bau dich ab, SZ-Magazin, Nr. 17, 26.4.1996
Rifkin, Jeremy, Das Ende der Arbeit – und ihre Zukunft, Frankfurt a. M./New York 1995
Schallaböck, Karl-Otto/Hesse, Martin, Konzept für eine Neue Bahn. Schlußbericht, Wuppertal 1995
Scheer, Hermann, Sonnenstrategie. Politik ohne Alternative, 5. Aufl., München 1995
Schmidheiny, Stefan, Kurswechsel. Globale unternehmerische Perspektiven für Entwicklung und Umwelt, München 1992
Simonis, Heide/Simonis, Udo Ernst (Hg.), Japan. Wirtschaftswachstum und soziale Wohlfahrt, Frankfurt a. M./New York 1974
Simonis, Udo Ernst (Hg.), Weltumweltpolitik. Grundriß und Bausteine eines neuen Politikfeldes, 2. Aufl., Berlin 1996
Solidarität am Standort Deutschland. Erklärung von mehr als einhundert Frauen und Männern aus den Sozial-, Politik- und Rechtswissenschaften, in: Frankfurter Rundschau, 20. 5. 1994
Vogtmann, Hartmut (Hg.), Ökologische Landwirtschaft. Landbau mit Zukunft, 2. Aufl., Heidelberg 1992
Weizsäcker, Ernst Ulrich von/Lovins, Amory/Lovins, Hunter, Faktor Vier: Doppelter Wohlstand, halber Umweltverbrauch, München 1995
Weltkommission für Umwelt und Entwicklung, Unsere gemeinsame Zukunft, Greven 1987
Winter, Georg, Das umweltbewußte Unternehmen, 5. Aufl., München 1993
Wissenschaftlicher Beirat Globale Umweltveränderungen (WBGU), Welt im Wandel. Wege zur Lösung globaler Umweltprobleme, Berlin 1996